实用致辞演讲范本

主编　肇晓飞

编委　秉　仁　石嘉芮　王颐宁
张学静　刘挚永　和蒲安
韩燮和　张济科　李卫柏
郭晓亮　薛世伟　白　岩

金盾出版社

内 容 提 要

本书是一本专门介绍各种致辞演讲稿怎样写作的实用工具书。书中根据当今社会人们在日常工作、学习和生活中，经常需要应对各种公众场合发言的实际情况，深入浅出地讲授了各种不同场合的致辞、演讲技巧及演讲稿写作的基本内容、格式与方法，并从大量有关文稿中，精选了近百个不同场合的致辞、演讲范本，以供读者准备发言稿时，结合实际需要，从中挑选参照使用。

图书在版编目(CIP)数据

实用致辞演讲范本/肇晓飞主编．—北京：金盾出版社，2008.1
ISBN 978-7-5082-4863-9

Ⅰ.实…　Ⅱ.肇…　Ⅲ.演讲学　Ⅳ.H019

中国版本图书馆 CIP 数据核字(2007)第 178364 号

金盾出版社出版、总发行
北京太平路 5 号(地铁万寿路站往南)
邮政编码：100036　电话：68214039　83219215
传真：68276683　网址：www.jdcbs.cn
封面印刷：北京精彩雅恒印刷有限公司
正文印刷：北京金盾印刷厂
装订：永胜装订厂
各地新华书店经销

开本：850×1168 1/32　印张：6.5　字数：154 千字
2008 年 9 月第 1 版第 2 次印刷
印数：8001—14000 册　定价：12.00 元

前　言

在日常工作、学习和生活中，人们经常需要面对的一件事是，在一定的公众场合讲几句话，表个态，也就是通常所说的致辞和演讲。尤其是现代社会，随着各种社会、公务活动和人际交往、社交礼仪活动的日益增多，需要致辞、演讲的地方也比过去大为增加。诸如走马上任、送往迎来、婚庆寿宴、朋友聚会等等，都可能需要你发表一席讲话。对此，许多人都感到有些为难，不知在既定的场合究竟该讲什么，究竟怎么讲才能做到主题鲜明，条理清楚，生动活泼，引人入胜，从而显示出自己的口才和素质，给听众留下一个良好而深刻的印象。这也是当今许多人都想求教的一个问题。因为，这个问题表面看来是口才问题，实际上，它往往可以体现出一个人的能力与水平，在某种情况下甚至关系到一个人的未来发展和前途。

正是为了指导帮助社会各界人士解决这个经常遇到的难题，以便轻松地应对各种场合的致辞、演讲和发言，我们专门编写了这本《实用致辞演讲范本》。本书首先深入浅出地介绍了演讲及演讲稿写作的方法与技巧，以帮助读者练好演讲致辞的基本功，增强语言表达能力和场景适应能力；然后提供了近百个不同场合的演讲和致辞范本，以供读者根据实际需要有选择性地对照使用。这些演讲致辞范本，是编者从众多范例中精挑细选出来的，具有广泛的代表性和很强的实用性。书中对范本进行了细致、准确的分类，并在每个类别的开头阐述了该类演讲或致辞的适用范围、通用格式等，从而使本书更具针对性和可操作性。

世上无难事，只怕有心人。只要你认真学习书中教给你的基本方法，细心琢磨书中提供给你的各种范本，相信你的演说能力一定能够很快得到提升。即使你没有足够的时间和精力阅读全书，你也可以在紧急时刻根据需要“临时抱佛脚”，从书中随时选择相应的范本，修改变换，参照使用，以解燃眉之急。

编　者

目　录

第一章 演讲稿写作及演讲技巧

一、什么是演讲稿

演讲稿也叫演说辞，是在较为隆重的仪式或某些公众场所发表的讲话文稿。演讲稿是进行演讲时所需的凭借，也是对演讲内容和形式的规范和提示，它体现着演讲的目的、手段、内容和形式。

演讲稿是人们在日常工作和社会生活中经常使用的一种文体，既可以用来交流思想、感情，表达主张、见解；也可以用来介绍自己的学习、工作情况和经验等。演讲稿具有宣传、鼓动、教育和欣赏等作用，它可以把演讲者的观点、主张与思想感情传达给听众或读者，使他们信服并在思想感情上产生共鸣。

演讲和表演、作文有很大的区别。首先，演讲是演讲者（具有一定社会角色的现实的人，不一定是演员）就人们普遍关注的某种有意义的事物或问题，通过口头语言面对一定场合的听众，直接发表意见的一种社会活动。其次，作文是作者通过文章向读者单方面输出信息，演讲则是演讲者在现场与听众双向交流信息。严格地说，演讲是演讲者与听众、听众与听众之间三角信息的交流，演讲者不能仅以传达自己的思想和情感、情绪为满足，还必须能控制住自己与听众、听众与听众情绪的应和与交流。所以，为演讲准备的稿子就要具有以下三个特点：

第一，针对性。演讲是一种社会活动，是用于公众场合的宣传形式。它是以思想、感情、事例和理论来晓喻听众，打动听众，征服听众的，必须有现实的针对性。所谓针对性，首先是作者提出的问题是听众所关心的问题，评论和论辩要有雄辩的逻辑力量，要能为听众所接受并心悦诚服，这样，才能起到应有的社会效果；其次是要懂得听众有不同的对象和不同的层次，而公众场合也有不同的类型，如党团集会、专业性会议、服务性俱乐部、学校、社会团体、宗教团体、各类竞赛场合等，因此，写作时要根据不同场合和不同对象，为听众设计不同的演讲内容。

第二，可讲性。演讲的本质在于讲，而不在于演，它是以讲为主、以演为辅。由于演讲要诉诸口头，拟稿时必须以易说能讲为前提。如果说文章主要是通过阅读欣赏，领略其中意义和情味的话，那么，演讲稿的要求则是上口入耳。一篇好的演讲稿对演讲者来说要好讲，而对听众来说应好听。因此，演讲稿写成之后，作者最好通过试讲或默念来检测，凡是讲不顺口或听不清楚之处（如句子过长），均应加以修改与调整。

第三，鼓动作用。演讲是一门艺术，成功的演讲能起到调动听众情绪、赢得听众好感的鼓动作用。要做到这点，首先需要演讲稿的内容要丰富、深刻，语言要形象、生动，具有精辟的见解并富有感染力。如果演讲稿写得平淡无味，毫无新意，即使在现场“演”得再卖力，也不可能取得预期的效果，有时甚至还适得其反。

二、演讲稿怎样结构

从演讲稿的内部结构来说，演讲需要调动起现场听众的情绪，所讲的内容应该较为集中。通常一篇演讲稿最多只能讲两三个问题，而且这两三个问题还得在逻辑上有紧密的联系，以层层推演、环环相扣的方式展开，切不可平面罗列，尤其要避免先亮论点，后举例子。这只会使听众停止思考，昏昏欲睡。分散的论点和被动的（亦即无分析的，不能发展论点的）例子，无异于是一首催眠曲。演讲稿的结构分开头、主体、结尾三个部分，其结构原则与普通文章的结构原则大致一样。但是,由于演讲是具有时间性和空间性的活动,因而演讲稿的结构还具有其自身的特点,尤其是对它的开头和结尾有着特殊的要求。

1. 开头要吸引听众,引人入胜

演讲稿的开头,也叫开场白。它在演讲稿的结构中处于显要的地位,并具有非常重要的作用。瑞士作家温克勒曾说:“开场白有两项任务:一是建立说者与听者的同感;二是如字义所释,打开场面,引入正题。”真正优秀的演讲稿,一开头就应该用最简洁的语言、最少量的时间,把听众的注意力和兴奋点吸引过来,这样,才能达到出奇制胜的效果。

开场白的技术主要有:

①楔子。用几句诚恳的话和听众建立起个人间的密切关系,以获得听众的好感和信任。

②衔接。将要论及的问题,用某一件小事、一个比喻、个人经历、轶事传闻或出人意料的提问,将主要演讲内容衔接起来。

③激发。可以提出一些激发听众思考的问题,把听众的注意力集中到演讲中来。

④触题。开始时就告诉听众自己将要讲些什么。世界上许多杰出的演讲家都是这么做的。

演讲稿的开头有多种方法,通常使用的主要有:

①开门见山,揭示主题。这种开头是一开讲,就进入正题,直接阐明演讲的中心思想。例如宋庆龄《在接受加拿大维多利亚大学荣誉法学博士学位仪式上的讲话》的开头:“我为接受加拿大维多利亚大学荣誉法学博士学位感到荣幸。”运用这种方法,必须先明晰地把握演讲的中心思想,把要向听众阐明的论点显示出来,使听众明白演讲的中心思想,从而把注意力集中起来。

②介绍情况,说明根由。这种开头可以迅速缩短与听众的距离,使听众急于了解下文。例如恩格斯在 1881 年 12 月 5 日发表

的《在燕妮·马克思墓前的讲话》的开头:“我们现在安葬的这位品德崇高的女性,在1814年生于萨尔茨维德尔。她的父亲冯·威斯特华伦男爵在特利尔城时和马克思一家很亲近;两家人的孩子在一块长大。当马克思进大学的时候,他和自己未来的妻子已经知道他们的生命将永远地连接在一起了。”这个开头对发生的事情、人物对象作出了必要的介绍和说明,为进一步向听众揭示论题作了铺垫。

③提出问题,引起关注。这种方法是根据听众的特点和演讲的内容,提出一些激发听众思考的问题,从而引起听众的注意。例如弗雷德里克·道格拉斯1854年7月4日在美国纽约州罗彻斯特市举行的国庆大会上发表的《谴责奴隶制的演说》,一开讲就能引发听众的积极思考,把人们带到一个愤怒而深沉的情境中去:“公民们,请恕我问一问,今天为什么邀我在这儿发言?我,或者我所代表的奴隶们,同你们的国庆节有什么相干?《独立宣言》中阐明的政治自由和生来平等的原则难道也普降到我们的头上?因而要我来向国家的祭坛奉献上我们卑微的贡品,承认我们得到并为你们的独立带给我们的恩典而表达虔诚的谢意么?”除了以上三种方法,还有释题式、悬念式、警策式、幽默式、双关式、抒情式等。

2. 主体要环环相扣,层层深入

主体是演讲稿的主要部分。因此,在行文过程中,一定要处理好层次、节奏和衔接等几个方面的问题。

①层次。层次是演讲稿表现思想内容的顺序,它体现着演讲者思路展开的步骤,也反映出演讲者对客观事物的认识过程。演讲稿结构的层次是根据演讲的时空特点对演讲材料加以选取和组合而形成的。由于演讲是直接面对听众的活动,所以演讲稿的结构层次是听众无法凭借视觉来把握的,而听觉对层次的把握又受限于演讲的时间。

所以在演讲中要树立明显的有声语言标志,以此适时诉诸于听众的听觉，从而获得层次清晰的效果。演讲者在演讲中反复设问，并根据设问来阐述自己的观点，就能在结构上环环相扣，层层深入。此外，演讲稿用过渡句，或用“首先”、“其次”、“然后”等词语来区别层次，也是使层次清晰的有效方法。

②节奏。节奏是指演讲内容在结构安排上表现出的张弛起伏。演讲稿结构的节奏，主要是通过演讲内容的变换来实现的。演讲内容的变换，是在一个主题思想所统领的内容中，适当地插入幽默、诗文、轶事等内容，以便听众的注意力既保持高度集中而又不会因为高度集中而产生兴奋性抑制。优秀的演说家几乎都擅长使用这种方法。演讲稿结构的节奏既要鲜明，又要适度。平铺直叙，呆板沉闷，固然会使听众乏味疲劳，而内容变换过于频繁，也会造成听众注意力的涣散。所以，插入的内容应该为实现演讲的意图服务，而节奏的频率也应该根据听众的心理特征来确定。

③衔接。衔接是指把演讲中的各个内容层次连接起来，使之具有浑然一体的整体感。由于演讲的节奏需要适时地变换演讲内容，因而也就容易使演讲稿的结构显得零散。衔接是对结构松紧、疏密的一种弥补，它能使各个内容层次的变换更为巧妙和自然，使演讲稿富于整体感，有助于演讲的主题深入人心。演讲稿结构衔接的方法主要是运用与两段内容、两个层次有联系的过渡段或过渡句。

3. 结尾要简洁有力，余音绕梁

结尾是演讲内容的自然收束。言简意赅、余音绕梁的结尾能够使听众精神振奋，并促使听众不断地进行思考和回味；而松散疲沓、枯燥无味的结尾只会使听众感到厌倦，并随着时过境迁而被遗忘。美国作家约翰·沃尔夫说：“演讲最好在听众兴趣达到高潮时果断结束，未尽时戛然而止。”在演讲处于高潮时，听众大脑皮层高度兴奋，注意力和情绪都由此达到最佳状态。

三、演讲稿的写作技巧

在第二节中，我们概述了演讲稿的结构及演讲技巧。那么在演讲稿的具体写作和演讲中，还要把握哪些细节性的技巧呢？

1. 怎样选好演讲稿的讲题

演讲总是有一个特定的讲题范围，只是范围有大有小罢了。

一般来说，生活中常用的演讲，如大会演讲、祝词、贺词、悼词等选题范围比较灵活，一些为听众所喜爱、所关心的话题均可选取；一些带有较浓厚专业色彩的演讲，如军事演讲、外交演讲、法律演讲、学术演讲等讲题相对确定些，灵活变动的范围不是很大；赛事演讲的命题范围有两种：有些选择的余地很大，有些余地小些。但无论是什么类型的演讲，无论是选题的范围宽或者范围窄，选题时都要注意以下几点：立足时事热点；抓住社会焦点；适合听众论点；寻求奇特的激发点；讲出新颖的观点等。这样，你的选题才能别具一格，脱颖而出。

在一次以“交通安全在我心中”的演讲比赛中，有位演讲者分析这个主题后，估计很大一部分选手可能会立足于“人们交通意识淡薄而产生的危害”这方面的选题，演讲中展示在听众面前的可能是一桩桩骇人听闻、惨不忍睹的血腥事件。这样，几十名选手讲下去，听众肯定会听得喘不过气来。时间长了，就会产生知觉的倦怠。思索之后，这位选手准备从新的角度去体现。于是选准现代生活中这样一种现象切入主题：很多人不懂交通安全，以致不理解交通警察，致使交警的工作举步维艰；如果全社会都理解交通警察，支持他们的工作，交通事故就会减少。斟酌再三，确定了以《奉献与理解》为题，通过赞颂交警默默耕耘为祖国，无私奉献为人民的精神呼唤人们理解他们。

这位选手的演讲为比赛吹来了一股清凉的风，赢得了听众长时间热烈的掌声。

这就是立足选题，创新观点所带来的效果。

2. 演讲稿怎样选材最好

在演讲时，如果选材能独具匠心，别具一格，本身就很吸引人。相反，如果生搬硬套，拾人牙慧，步人后尘，无异于第二、第三个把姑娘比做鲜花的人——落入“不是‘庸才’，便是‘蠢才’”的可怜境地，给听众带来的是难以透气的沉闷。因此，要选取一些典型、生动、新鲜的材料，让人觉得你的演讲有新东西、新信息、新见解。只有立意高，思辨性才能强；只有角度新，吸引力才会大。

在小说《啊，索伦河谷的枪声》中，塑造了一个叫冼文弓的解放军基层干部的形象。他自愿到全团工作最落后的三连担任指挥员，显然，对他的“光临”，思想素质欠佳的战士是不太热情的。于是，他便寻找机会接近大伙儿，在连队操练之前，发表了如下演讲：

“我感到三连是个好连队，好就好在有人才，我们全连几乎都对玩扑克有浓厚的兴趣，我看完全可以在扑克方面压倒其他连，夺个冠军。关于扑克的知识，大家可能还不知道吧？扑克牌中的四种花色，都有不同的寓意：黑桃象征橄榄叶，表示和平；红桃是心形，代表智慧；梅花是黑色三叶，源于三叶草，象征青春；方块表示钻石，意味着财富。这四种花色，是对人们一年中美好的祝愿。我也用扑克这四种花色向大家表示美好的祝愿。完了！”

冼文弓军龄不长，资历较浅，初到连队后，威信当然“有待树立”。这段演讲辞因势利导，以新鲜的知识赢得了士兵的感情，非常符合特定的环境和自己的身份，讲出了新意，讲出了人情味儿。

心理学研究表明，人的大脑对各种信息的接收是有选择性的，且往往选择那些新奇怪异与自己有关的东西。社会在进步，时代在发展，新的人物、新的性格、新的问题、新的经验、新的成就以及新的教训等等俯拾皆是。只要我们认真观察，处处留心，就不愁找不到新的演讲材料。

3. 演讲稿的选词原则有哪些

演讲最忌空泛。有些演讲者在演讲中一味追求“优美辞语”，于是堆砌辞藻，咬文嚼字，刻意雕琢。而这却正是演讲的大忌所在，演讲的选词要做到：

①精确。演讲中的词语要用得准，否则“一粒老鼠屎，坏了一锅汤”。它要求演讲者在选词时要掌握好词语的含义，辨别词义之间的细微差别，把握好词语的感情色彩和语体色彩。

②简洁。单个词语并无简洁可言，但在具体的演讲中则要字不虚设，词不虚发，言简意赅。这就要求演讲者在演讲时须明确词语的含义，不要重复用词，也不用无意义之词。

③通俗。在演讲中要尽量避免使用古奥生僻、晦涩难懂的词语，要力求选词通俗易懂。

④和谐。演讲的语言要朗朗上口，生动悦耳。在同样表情达意的情况下，要选用那些响亮、富有节奏感和想像力的词语，以增加演讲的美感和艺术效果。

4. 演讲稿的炼句技巧

演讲是一个动态的过程。演讲的特殊情境给演讲中的每句话都赋予了特定的意义。这就要求演讲者在炼句时首先应从演讲整体出发，并考虑演讲情境，做到精短、严整、自然、亲切。

“十二年来，我饱尝了作为一名教师的酸甜苦辣，喜怒哀乐；十二年来，我更深层次、更立体地塑造了教师的形象。教师是辛苦的，为了学生，他们夜以继日，整日操劳；教师是清贫的，为了别人他们含辛茹苦，不计酬劳；教师是磊落的，为了事业他们两袖清风，虚心清高；教师是伟大的，为了祖国他们孜孜以求，不屈不挠。”

这段话句式完整，匀称贯通，自然优美，是字斟句酌后达到的炼句效果。

一般来说，除学术演讲和政论演讲较多地运用长句、散句外，演讲的语句要以精短、完整为美。

短句是指字数少、形体短、结构简单的句式，在演讲中运用短句可以更明快、活泼地表达思想感情，干净、利落地叙述事理。如：

"战士们，你们别去为那些野兽们卖命啊！他们鄙视你们，奴役你们，统治你们，吩咐你们应当做什么，应当想什么，应当具有什么样的感情！他们强迫你们去操练，限定你们的伙食，把你们当牲口，用你们当炮灰。你们别去受这些丧失了的理性的人摆布了。"

卓别林的这段演讲使用的都是短句，非常简洁明快、干脆利落。

整句是相对于散句而言的。它的特点是紧凑有力，严密集中，匀称流畅。演讲在适当运用散句的基础上要多运用整句。整句包括排比、对偶、对比、顶真、回环修辞方法等。

5. 怎样使演讲开个好头

"万事开头难"，其实每件事情只要能开个好头，接下来就都会顺理成章，水到渠成，正所谓"良好的开头是成功的一半"，演讲也是如此。美国著名演说家洛克伍德·桑佩就曾说过："在整个演讲过程中做到轻松地巧妙地和听众交流思想是困难的。然而，做到这一点的关键是讲话开头的用字和表达。"所以演讲者一定要勤于思考，全力以赴地处理好开头。在开头就需要设置悬念，讲究文采，引人入胜，力求一开口就能拨动听众的兴奋神经。如果能在开始时就能让听众产生一种肯定的心理定势，那么这种状态将伴随着他们听完整个演讲。

演讲开头的方法很多，或单刀直入，或迂回进攻，或敞开发问，或试探而进。下面只介绍几种最普通最常见的开头方式：

开宗明义式。演讲一开始就亮出自己的观点，肯定什么，否定什么，批评什么，赞扬什么，和盘托出，清晰明了。如公元前 44 年罗马的安东尼在《为凯撒辩护》演讲中的开场白是这样的："我今天来，是来安葬凯撒，并不是来赞扬他的功德。我看人生在世，'好事入泥沙，坏事传古今。'这句话无异是为凯撒说的。布鲁图斯是一个高尚的人，他告诉你们，说凯撒野心勃勃。若果真如此，自然是恺撒的大错。但凯撒已死，也算是已偿清他的债了。今天我承布鲁图斯的好意，准我演讲，所以我得在凯撒的灵前说几句话。”

具体事实式。运用具体事实开头能吸引听众。如《为了悲剧不再重演》的开头：

“去年12月，《青海日报》披露了这样一个事实：一个年仅9岁的小学四年级学生夏雯，因为期末考试两门功课成绩低于90分，竟被母亲活活打死……”

展示物件式。此法以展示与演讲主题相关的物件作为开关，若运用得好，可以给听众以形象、新颖的感觉，更为有效地集中听众的注意力。

引用警语式。运用人所尽知、家喻户晓的名人名言、名句、警语等，能启人心扉，振奋精神。如《人贵有志》的开头：

“一个人要有志气。法国生物学家巴斯德在18岁时写过一段名言。他说：工作随着志向走，成功随着工作来！这是一条规律。立志、工作、成功是人类活动的三大要素……”

自我介绍式。在演讲开头进行自我介绍，能让听众更多地了解演讲者的相关背景。如《我的选择》的开头：“我叫汤焱，三点水的‘汤’，三个火的‘焱’，一见我这名字的人都惊讶我为什么如此水火不相容。是啊，我这个人就是好动，难求安静。因此，我考大学时选择了舞蹈专业。”

直接提问式。运用此法可引起听众的注意，有利于演讲者控制演讲气氛。加里宁在《苏维埃国家的全部希望》中的开场白是这样的：“青年的特征究竟是什么呢？共青团员与普通成年人——譬如说——与我比较起来，究竟有什么区别呢？”

数字说明式。以精确的数字阐明、论证所要论述的观点，可以增强演讲的可信度和权威性。

选用新闻式。新闻的特点是“新”，说一则刚发生的新闻可以高度集中听众的注意力。如罗斯福有一次演讲是这样开头的："昨天，1941 年 12 月 7 日——一个遗臭万年的日子，美利坚合众国遭到了日本帝国海空军部队的突然和蓄谋已久的进攻。"

此外，还有许许多多的开头方式，在此不一一列举，权且起个抛砖引玉的作用，敬望读者在平时的阅读中能自己归纳总结，找出更理想的开头方法。

6. 如何在演讲的开篇使用笑话

笑话是指能引人发笑的语言或故事，其人物鲜明，情节离奇，俏皮幽默，意义深远。如果在演讲开始时讲一个相关的笑话，能令听众开心解颐，并得到启示，从而在轻松愉悦的氛围中领悟到演讲的真谛。

在一次普通话推广动员会上，有位先生应邀演讲，他是这样开头的：

有一位武汉人到北京采购物品，但这位采购员不会说普通话。他来到商店看到柜台里有一种小水壶，十分精致便要采购。于是他操着纯正的武汉音说："你这小水壶多少钱一个。"其中"小水壶"的发音非常近似于北京一句不文明的话"小媳妇"。而售货员又恰好是位年轻的姑娘，虽然非常不满，但又不好发作，就狠狠地瞪了采购员一眼。采购员以为对方没听到，又大声问了一次。这时，售货员再也忍无可忍，大声回敬道："流氓！"而采购员却正好听成："六毛！"这时其他柜台的售货员以为这边发生了什么事，都围过来观看。看到这种小水壶如此物美价廉，采购员直高兴得手舞足蹈，大声叫喊："太好了，太好了，你们这些小水壶我全要啦！"闹得姑娘们群起而攻之。朋友们，这就是方言形成的笑话，这就是方言造成的尴尬，这就是方言产生的后果。方言阻碍交谈，方言产生误会，方言影响交际。大家说，应不应该在公共场合消除方言，学好普通话呢？

这个风趣幽默的笑话开篇就博得了听众的热烈掌声。

运用笑话开始演讲要轻松自然，并要以微笑、点头等态势语来配合，表现出真实感；还要用清楚而贴切的语言，不装腔作势；更要正视听众，求得共鸣。在演讲之前不要忙于作言过其实的应允或过分的谦卑，过高或过低的估量自我都会使听众产生反感。

7. 怎样创造演讲开头和结尾的良好气氛

有些演讲者在上台演讲之前喜欢过分客套喋喋不休。如："本来不想讲，可刘主任偏要让我讲，讲不好，请大家原谅！"有些人还行八股之事，惯用套话："在……领导下，在……号召下，在……帮助下，在……关怀下，红旗如海歌如潮。"这些话语不仅没有文采，也没有情感，叫人听来全身起鸡皮疙瘩，如坐针毡，仄仄不安；还有些人由于习惯，或由于紧张，或忘记讲稿，总是使用口头禅式的赘语：这个，这个；那个，那个；嗯，啊，吧……由于过分随意，使演讲成了报告会。

良好的开端应如瑞士作家温克勒说的那样：一是建立演说者与听者的同感；二是如字意所释，打开场面，引入正题。这就要求演讲语言要新鲜、准确、简练，忌说老话、旧话、大话、假话、空话、套话。

这是阿德莱·史蒂文森在美国密执安州立大学演讲时的开场白，幽默自嘲："此时此刻，我感到自己十分无能。这种感觉使我想到了英国作家塞缪尔·巴特勒的一番话。有一次，人家请他谈谈怎样才能充分利用自己的一生，他说：'我连怎样充分利用下面的一刻钟都还不知道呢。'而现在，我对下面的 20 分钟也产生了同样的感觉。"

再看看 1941 年 7 月 3 日斯大林广播演讲的开头：

"希特勒德国从 6 月 22 日向我们的祖国发动了背信弃义的军事进攻，正在继续着。虽然红军进行了英勇的抵抗，虽然敌人的精锐师团和他们的精锐空军部队已被击溃，被埋藏在战场上，但是敌人又往前线调来了主力军，继续向前闯进……"

这样的开头，由惊人的事件说起，使听众为之震撼。

在演讲的结尾，也有些演讲者并不打算把演讲留到听众心中，或让演讲深入到听众的记忆里，也喜欢套用一些没有信息含量，没有感情力度的陈词滥调，以致留下松散、疲沓无力的尾巴。

有位演讲者结束演讲时这样说："我的演讲就要结束了，此时我向大家表示深深的歉意。耽误了每人五分钟，加起来就耽误了大家五百分钟，很对不起！"本来这位演讲者先前的表现还不错，感情贯通。可是这样的结尾实在令人不快，似乎让人联想到鲁迅先生的一句话：耽误别人的时间等于谋财害命。前面精彩的部分就被这苍白无力的话语冲淡了。

演讲的结尾应该感情充沛，语气铿锵，就像美国作家约翰·沃尔夫说的那样"演讲最好在听众兴趣未尽时戛然而止"。这样的效果能给人以振奋，给人以鼓舞，给人以无穷的思考和无尽的遐思。

古希腊哲学家苏格拉底被指控由于不信仰人们共信的神而被处死刑时，临死前演讲的最后一段是："诀别的时刻到了——我将死去，而你们还将活下去，但只有上帝知道我们中谁会进入天堂。"这样的结尾意味深远、余音绕梁、发人深思。

8. 演讲中如何设置悬念

在演讲中设置悬念，能高度集中听众的注意力，激发听众继续往下听的兴趣，使演讲收到良好的效果。李燕杰曾强调演讲应有"戏剧般的冲突"。这就要求演讲要巧设悬念，变化有致，使演讲气氛高潮迭起。恰当地使用悬念技法可以极大地调动听众的情绪，如：主持人宣布，"下一位演讲者的题目是《1 大于 2，1 大于多》"。该题目虽然有悖于常理，但悬念突出。只见演讲者镇定地走上讲台，拿出一张纸，上面写着：《1＞2，1＞多》。演讲开始了："朋友们，我在这里要告诉大家的是 1 大于 2，1 大于 3，1 大于 4，1 大于多"。

演讲者运用实物、言语对本显古怪的题目进行更进一步的渲染，使观众产生一种强烈的好奇心，欲求解释。接下来演讲者以计划生育为题旨，阐述道："'多生有害国家，多生有害人民，多生有害自己'、'夫妻同育一枝花，利国利民又利家'。从这点上说，难道不是1大于2,1大于多吗！"释答问题，解开悬念后，让听众十分轻松自然地接受了他的观点。

设置悬念的方法很多。可以运用与演讲内容相联系的实物；可以运用突然发出、与内容反差较大的情感；可以运用听众一时难以回答的串问；可以运用带有夸张色彩的动作；可以运用录音、幻灯、录像等设备。

悬念的设置需要注意：新奇、形象、到位三要素。形象可以产生出人意料的结果；形象，即处在听众情理之中；到位，则表达圆满自然。

一般说来，悬念设置在演讲的开头，这有利于它贯穿整个演讲，但也可运用在中间和结尾处。

再看看利用录像效果设置的悬念，例如以《懒惰走向失败》为题进行的一次演讲。整个演讲主题由固执保守走向封闭，恬淡忍耐走向衰竭，虚伪无情走向混乱，懒惰畏缩走向死亡几个板块组成，每个板块前由与板块内容相连而又有一定刺激作用的图像开始。听众在奇巧的演讲中产生了对演讲观点的认可。最后还播放了一段美国几位运动员团结协作取得一次高难度障碍赛冠军的录像。录像结尾进行了这样的安排："朋友们，记得所罗门有句名言'懒惰者贫困，勤奋者富有'。面对懒惰，该说的我都说了，面对勤奋，尽在不言中。您看了刚才这则录像，想到了什么呢？谢谢！"

9. 如何把握演讲的有声语言

演讲的有声语言应错落有致，抑扬顿挫，有"大弦嘈嘈如急语，小弦切切如丝语，嘈嘈切切错杂弹，大珠小珠落玉盘"的境界。具体设计如下：

发音响亮。演讲时齐齿呼音节(i或i开头的韵母)与撮口呼音节(n或n开头的韵母)在发音时由于口腔开合小,共鸣腔不大,音发出来不太响亮。因此,在备稿时要尽量将它们换成开口呼音节(a或a开头的韵母)与合口呼音节(O或O开头的韵母)。如把"至"改为"到",把"与"改为"和"等。

双音节化。汉语中有些单音节词表达意义复杂、深刻,如能改成双音节词就更明白、通俗易懂了。此外,双音节词响亮明朗,节奏感强,易于表现语言的音乐美。

平仄相间。汉字一字一调,高低升降,起伏变化。作为平声字的阴平、阳平变化不大,比较平和,易听清楚;仄声字的上声、去声变化大,声音短促,音感强烈。将二者相互配合,能使音声起伏变化。

停连适当。演讲的有声语言表现要有节奏感,不能过于平稳,应按语法、逻辑、感情的需要把它们音化为一个个跳跃的节奏。这里要注意的是,要停中有连,连中有停,整体把握。当停不停,听起来会模糊不清;当连不连,听起来则支离破碎。

轻重得体。根据演讲感情的需要,可以把语句中的一些词语读得轻些或重些。轻重的确定必须要得体,建立在语义基础之上。中间衔接处要自然,不留痕迹。

快慢得当。演讲速度的快慢要根据具体对象、场景、内容而定。要做到"快而不乱、快而不拖、含混不清、拖泥带水",否则还要当快则快,当慢则慢,快中求慢,慢中求快,快慢得当。

10. 如何在演讲中弄清概念

概念是区分各个词语意思的依据,每个词语都有其自身特定的意义,如果对词语的概念把握不准,甚至弄错,就可能招来笑话和误会。下面的例子就能充分说明这一点:

某市有三十对青年男女举行集体婚礼,应邀前来的市长兴致勃勃,在婚礼上发表了即兴演讲:"三十位美男俊女思想进步,观念更新,今天在此举行集体结婚,我很感兴趣。谨让我表示由衷的祝贺!”此言刚出,一语“惊”人,把所有听众都惊得瞠目结舌,面面相觑。原来市长把“集体婚礼”说成了“集体结婚”,一字之差,表达的效果却迥然不同。

市长演讲的初衷是很好的,语言表达也很顺畅,只是在不经意间弄错了概念,有悖常理,致使闹出笑话,影响演讲效果。

在演讲前一定要对演讲稿中的每个词和概念都进行仔细推敲,认真斟酌,以免出错。虽然演讲不同于书面文字那样长久留存,但有些观点一旦表达出来是不会立即从听众的感觉中消失的。他们会进行思考、比较,如果认为你的观点是虚假或错误的,他们会觉得自己被欺骗和愚弄,从而产生抵触的情绪,导致演讲威信下降。如在一个“戒烟联席会”上,主席发言说:“吸一支烟至少要少活一天。”下面的听众中马上就有人吸烟。为什么呢?因为这位先生已经抽了三十多年的烟,现在已经六十多岁。按演讲者的说法,以每天抽十支烟计算,他已至少活了300年,这岂不是天大的笑话?

从上例可以看出,弄清弄准词语的概念在演讲中至关重要。如果出错,就极有可能导致整个观点错误,输出虚假信息,产生不良的效果。

11. 演讲中如何使用实例

有道是“事实胜于雄辩”,在演讲中,如果没有典型、生动、感人的事例作依据,即使再动听的语言也会显得苍白无力,空洞无物。

黑格尔曾说过:“演讲家不能只把主题和目的简单地演绎为抽象的概念,而且还要用事实来说理。”由此可以看出演讲的事实要生动具体,才能使演讲引人入胜。

使用实例时应重视对实例的选择,不能一味追求名人效应。有些演讲者总是喜欢列举一些人人皆知的名人趣事、轶事,似乎觉得只有名人的言行才有震撼力。不可否认,名人的事迹有一定的力度,而且很有说服力。但不能千篇一律,可以同时在演讲中举一些发生在身边的、让人感到亲切可信的事例，这会让听众觉得更具体、更生动、更实在、更具说服力。因为这些普通人的事迹更有亲和力，更能拉近与听众的距离。

人生教育家戴尔·卡耐基有很多学生，在他学生中既有总统、伯爵、牧师，也有邮差、家庭主妇、教师、工人等。他教给学生主要的方法是战胜自己，消除烦恼。每次新开课时，他总要把一些以前取得好成绩的学生介绍给新生，其中大部分是些普通人。因为他觉得这样更能使学生相信，这些学生就生活在他们周围，平时常可见面，很真实。

另外，在具体运用实例时，不仅可以举正面事例来直接论证观点，也可举反面事例来反证观点，有时还可正反事例结合起来论证。

12. 怎样使演讲张弛有度

有句话叫“文似看山不喜平”。其实，演讲亦是如此。据心理学家研究得出的结论：人听讲话时的注意力每隔五至七分钟就会有所松弛。因此，演讲者要适度地注意演讲的起伏张弛和节奏变化。

如果把演讲的运行轨迹用一条线来描述的话，这条线不应是直的，而应是曲线，具有运动变化感的曲线。这主要从语言、内容、情感等方面来体现，语调要高低升降，速度要急停舒缓，声音要粗细有度，音色要刚柔多变，情感要跌宕起伏。要达到这种效果必须做到：事实与道理相交，议论与抒情互见，严肃与轻松共存，快捷与徐缓交叉。下面是罗斯福的一次演讲：

“副总统先生，议长先生，参众两院的各位议员们：

昨天，1941 年 12 月 7 日——一个遗臭万年的日子——美利坚合众国遭到了日本帝国海空部队有蓄谋的进攻。合众国当时同该国处于和平状态，而且，根据日本的请求，当时对维持太平洋的和平有所期待。实际上，就在日本空军中队已经开始轰炸美国瓦胡岛之后1小时，日本驻合众国大使及其同事还向我国国务卿提交了对美国最近致日方的信函的回复。虽然复函声言继续现行外交谈判已无用，但它并未包含有关战争或武力进攻的威胁或暗示。

应该记录在案的是：由于夏威夷同日本的距离，这次显然是许多天乃至若干星期以前就已蓄谋进行了策划的。在策划的过程之中，日本政府通过虚伪的声明和表示希望维系和平而蓄意对合众国进行了欺骗。

昨天对夏威夷群岛的进攻，给美国陆海军部队造成了严重的损失。我遗憾地告诉各位，很多美国人丧失了生命。此外，据报，美国船只在旧金山和檀香山之间的公海上也遭到了鱼雷的袭击。

昨天，日本政府已发动了对马来西亚的进攻；

昨夜，日本军队进攻了香港；

昨夜，日本军队进攻了关岛；

昨夜，日本军队进攻了菲律宾群岛；

昨夜，日本军队进攻了威克岛；

今晨，日本军队进攻了中途岛。

因此，日本在整个太平洋区域采取了突然的攻势。昨天和今天的事实不言自明。合众国的人民已经形成了自己的见解。并且十分清楚这关系到我们国家的安全和生存。

作为陆海军总司令，我已指示，为我们的防务采取一切措施。

但是，我们整个国家都将永远记住这次对于我们进攻的性质。

不论要用多长的时间才能战胜这次预谋的入侵，美国人民都将以自己的正义力量去赢得绝对的胜利。

我现在断言，我们不仅要作出最大的努力来保卫我们自己，我们还将确保这种形势的背信弃义永远不再危急我们。我这样说，相信是表达了国会和人民的意志。

对敌行动已经存在，不庸讳言，我国人民我国领土和我国利益都处于严重危机之中。

依赖我们的武装部队，依靠我们人民的坚定信心——我们将取得必然的胜利！上帝助我！

我要求国会宣布：自1941年12月7日——星期日日本进行无缘无故和卑鄙怯懦地进攻时起，合众国和日本帝国之间已处于战争状态。”

1941年12月7日，日本偷袭珍珠港。美国总统罗斯福在次日向参众两院发表了这篇演讲。这篇演讲既有冷静的分析，也有富有逻辑力量的抨击；既有果断严肃的决定，也有庄重有力的号召；既有涓涓平缓的情感流露，也有汹涌澎湃的情感高潮……演讲结束后，参众两院仅用半个多小时，就分别以82票对O票，388票对1票，通过了联合决议，宣布对日作战。

13. 如何使演讲更委婉动人

美国政治家雷布斯有一次在伦敦作“关于劳工问题”的演讲时，中途突然停下来，取出怀表站在台上一动也不动，眼望听众足足有一分零十二秒。听众都觉得很奇怪，并用惊奇的目光看着雷布斯，不知他葫芦里到底卖的什么药。难道忘了演讲词？大家正面面相觑、暗自猜想之时，雷布斯却开始说道：“诸位，方才大家感到局促不安的七十二秒钟长的时间，正好是一个普通工人砌一块砖头所要的时间。”

人们沉默片刻，随即爆发出雷鸣般的掌声。雷布斯不是用语言解释劳工的辛劳，而是通过运用委婉的手法来强调砌一块砖所需要的时间，透示出一个普通劳工的辛苦。此处的含蓄充满了哲理也充满了激情。

演讲中运用委婉的技法不仅可以含蓄地表达内心的不满和意见；还可以艺术地表达不便直言的事情或婉转地批评丑恶与谬误。

运用委婉的技法可以使气氛更风趣轻松，易使听众产生共鸣。

美国的莱特兄弟俩到欧洲旅行时，在法国的一次欢迎酒会上，各界知名人士聚集一堂，主人再三邀请兄弟中的大哥演讲。大哥盛情难却，只好作了一个即兴的简短演说："据我们所知，鸟类中会说话的只有鹦鹉，而鹦鹉是飞不高的。"这种婉转的智慧博得众人热烈的掌声。

英国文学家查尔斯·兰姆在一次演讲时，有人故意发出"嘘嘘"的怪叫声捣乱，兰姆说："据我所知，只有三种东西会发出"嘘嘘"声——蛇、鹫鸟和傻子，你们几位能到台前来让我认识一下吗？"台下顿时一片安静。

不过，委婉手法虽好，但在具体运用时也要注意以下几点：

要恰到好处且点到为止，不能含糊其词、晦涩深奥，也不能过分直白，失去委婉的意味。

切忌为了取得委婉效果而把矛头指向听众，让听众感觉好像含沙射影，难以接受。

要随机应变，随境而发。巧妙地利用语音、语汇、语调、语气、表情、体态、动作等，创造出一个内涵深刻、丰富的语言形式，使之具有动人的魅力。

14. 如何使演讲语气整饬和谐

在演讲中，经常把相同或相似的语言单位排列使用，给人以整齐一律、气势贯通、清新悦目的美感。要达到这个目的可以通过多运用修辞手法中的排比、对比、对偶、回环、顶真等。

比如道拉斯的一段演讲，便是运用了排比的修辞手法，使语气强烈，感情充沛。

"为了你们，也为了我们，我真希望这几个问题能有肯定的回答！要是我的任务不至如此繁重，我的担子不至如此压人该多好啊！然而，有谁会这样冷若冰霜，以至民族的同情心也难温暖他的心？有谁会这样顽固不化，对于感恩的要求毫无反应，竟然不愿满怀感激地承认独立给我们带来的无价恩惠？有谁会这样麻木不仁，这样势利，在四肢解除奴隶制的枷锁之后，仍不愿为国庆节日献上颂歌？"

对比的修辞手法在演讲中也经常用到，如下面这段演讲，是通过运用对比来刻画资产阶级的狂傲、奸诈和威势的，同时也描绘出被统治阶级的悲惨处境和苦难命运：

“原来的货币所有者，现今变成了资本家，他昂首走在前面；劳动力所有者，就变成他的劳动者，跟在他的后头。一个笑眯眯，雄赳赳，专心于事业；另一个却是畏缩不前，好像是把自己的皮运到市场去，没有什么期待，只期待着刮似的。”

运用回环和顶真则可收到语气流畅，结构严谨，互相映照，循环往复的效用。如回环例：“科学需要我们，我们更需要科学。”顶真例：“希望是存在的，有存在便有希望，有希望便有光明。”

在演讲中多使用活泼的修辞手法固然能使演讲的语气整饬和谐，但同时也要考虑情境，对具体情况进行具体分析，如果过分频繁使用这些手法，也会有单调、呆板、矫揉造作之嫌。

15. 如何使演讲引人入胜

首先来看一段演讲：“一天下午，一发罪恶的炮弹拦腰削断了一棵碗口粗的大树。接着，‘轰隆隆’……一连几发炮弹在战士们的周围爆炸。这时，受伤的战士继续匍匐前进，‘嗒嗒嗒’……敌人的高射炮追击着，战士们顺着山势往下滚，鲜血浸染了殷红的土地……”

这段演讲通过声情并茂和生动的细节描述（摹状），不仅增强了演讲给听众的视觉形象和听觉感受，还逼真地烘托出战场的气氛，使听众有身临其境之感。

前苏联著名幼儿教育家波维卡娅也很喜欢在教学中运用摹状手法，“充分调动动作、姿态去表演，运用口技去摹声，使课堂充满笑声”。

摹状主要是运用形容词后附加重叠音节的方法来形成的。如“绿油油”、“红彤彤”；有变迭法，如“嘀嘀嗒嗒”，“郁郁葱葱”；另有直音法，如“黑咕隆咚”、“轰”的一声。

摹状的最大作用是诉诸人的感觉，把听众引入演讲设定的情境中，并能设身处地地产生同感。如描写："哒哒哒哒地跑过跑道""风嗖嗖地吹着"又如象征："牛哞——哞地叫"、"狗汪汪地叫。"再如拟态："波涛哗哗地涌来"。

"太阳在前缓缓地上升"、"多么缓慢啊！"

16. 如何使演讲妙趣横生

演讲需要幽默，语言中只有掺幽默这种调味剂，才能生机勃勃，妙趣横生。幽默气氛的形成可借助仿词与拆词手法来达到。

仿词手法能突破现行语言规范的束缚，巧妙地仿造出一个意义相反或相近的词语或意境来提高语言的表达效果。如果在演讲中使用仿词，就能使演讲更风趣，更有明快犀利、生动活泼之感。例如：

"有些人精力过盛，时间过剩，有劲没处使，有力没处用，整日泡在麻将里，'春眠不觉晓，时间何时了，夜来麻将声，输赢知多少。'"

"朋友们，经营有道，投机有利，有一首《诀窍铭》这样告诉我们：位不在高，头尖则灵；官不在大，手长则行；吹牛走鸿运，拍马不碰钉。可以开后门，讲交情。无正义之细胞，无原则之准绳，烟酒来开道，有钱能通神。孔子曰：'何鄙之有？'"

仿词用在演讲中的幽默性和趣味性可以从以上两例中轻松地看出来。但在使用仿词时，须注意两个非常重要的问题，不然，便可能使演讲效果适得其反。

仿词不能用得太古奥、生僻，而应仿为大众所熟知，通俗易懂的词语或意境。

应仿造名人名言、名句或诗词等，因为这是为绝大多数听众所知的，而且趣味性更强。

拆词手法是指把词拆开以便嵌入别的词。也可以把特定的词句有规则地暗嵌在其他词语中，或把词拆开交错搭配。

如“荒天下之大唐”、“滑天下之大稽”，便是把“荒唐”、“滑稽”拆开镶进其他词的。

又如“有的电视机带彩色还要遥控，收录机卡拉还要 OK，而他家里只有一样东西是带电的，你猜是什么？电灯”。这里把卡拉 OK 拆开来嵌字，使语言活泼风趣，幽默顿生。

演讲中运用拆词手法既可引人注意，加深印象，又可创造生动活泼的气氛。

17. 在演讲中如何表达情感

美国南北战争结束以后，有两位军人竞选国会议员。一位是著名英雄陶克将军，陶克功勋卓著，曾任过两三届国会议员；另一位则是约瑟夫·爱伦，他是一位很普通的士兵。

陶克的演讲是：“诸位同胞们，记得十七年前（南北战争时）的那天晚上，我曾带兵与敌人激战，经过激烈的血战后，我在山上的树丛里睡了一个晚上。如果大家没有忘记那次艰苦卓绝的战斗，请在选举中，也不要忘记那位吃尽苦头、餐风宿露、造就伟大战功的人。”这段话委实精彩，感情色彩也很浓，能深深激起听众的内心波澜。

爱伦的演讲是：“同胞们，陶克将军说得不错，他确实在那次战争中立下了奇功。我当时是他手下的一个无名小卒，替他出生入死，冲锋陷阵。这还不算，当他在树林里安睡时，我还得携带武器，站在荒野上，饱尝冷风寒露来保护他。”

两相比较，爱伦的演讲更动人，更易激起共鸣。因此他打败了陶克，取得了胜利。

“感人心者，莫先乎情。”“情不深，则无以惊心动魄。”有经验的演讲者激情迸发时，好比泄闸的河水，呼啸着奔腾的浪花，使“快者掀髯，愤者扼腕，悲者掩泣，羡者色飞”。听起来使人精神振奋，思想升华。

这就要求演讲者的演讲要炽热、深沉、热情、诚恳、娓娓动人。

同时还必须和听众一起喜怒哀乐，不掩饰、不回避，对真、善、美热情讴歌，对假、恶、丑无情鞭笞。各种情感溢于言表，使听众闻其声、知其言、见其心，达到感情上的融合，思想上的共鸣，认识上的一致。达到一种心理与情感的交流与平衡。

第二章　竞职演说

【提示】

竞职演说是竞聘者为了实现竞聘目的而发表的演说。竞聘演说广泛应用于企事业单位的招聘工作和承包工程中招、投标等场合。竞聘演说的主要作用是推介自身，制造舆论，争取招聘单位或工程发包商对自己的支持。

竞聘演说的结构一般分为三部分：

1. 标题。大体有两种形式，一是公文标题法，二是运用正副标题法。标题要有内容。标题内容必须揭示或涵盖演讲稿的某一方面内容。标题要简短明快。即用于标题的字数不要太多，句子不要长。可以先拟也可以后拟。不可太牵强、不确切，文不对题，与内容没有必然的联系，太宽泛，不着边际，标题的意思似有若无，一般化，无新意。

2. 称谓。即对竞聘主管人员或主办单位的称呼。

3. 正文。应首先写清竞聘的原因和愿望；然后写明自己所具备的应聘条件，包括学历、资历、政治思想、业务水平等，最后表明自己竞聘的决心和信心，请求主管单位予以考虑。

竞聘演说要在“竞”字上下功夫，要表达得很自信、自强。在阐述自身条件时要客观实在，不要锋芒毕露，大吹大擂；对自己的评价要含而不露，引而不发；表明观点时要明确具体、清楚明晰，不要吞吞吐吐，不说大话空话。以下是一些竞职演说的良好实例。

[范本一]行政办公人员竞职演说

各位领导、各位同事，大家好！

我于××××年毕业于××大学，大专学历，工程师，中共预备党员。××××年参加工作，先后担任保管员，物业管理员，技术员，办公室文秘，办公室主任等职。这次，我竞聘的岗位是行政办公室工作人员。

俗话说，“文如其人”。同样，工作就是一个人的人格表现，看到一个人所做的工作，就是“如见其人”了。回顾自己十几年来的工作，总结起来有如下几个特点：一是做事有耐心。办公室的日常工作繁杂而琐碎，毫不起眼，但我从不因此而敷衍塞责，一推了事。二是做事有恒心。对既定的工作目标都能专心一意地努力。我知道，只有平时一点一滴地努力积累，才是实现任何目标的惟一方法。三是做事计划性强。面对繁杂的事务性工作，通过十几年来在工作中的积累能够很快地总结出规律，提炼经验，做到办事井井有条，计划得当，提高办事效率。四是适应性强。参加工作的十几年来，根据工作需要，我曾先后在五六个岗位上工作过，每个岗位之间都毫无关连，有的甚至是专业性很强的工作，但我都能很快地掌握本岗位工作所必须具备的基本条件，及时调整自己的思维和行为，使之与工作相适应，顺利地完成角色的转换。五是信守诺言，具有团队精神。办公室的工作在企业中起着承上启下的作用，办公室人员必须具有协作意识。我始终坚持从大局出发，坚持从企业与职工的利益出发。六是始终保持着对工作的执著和热爱。对待工作的精神状态，决定了一个人的工作效率。多年来我无论做任何工作，都保持着良好的工作状态，做到干一行爱一行，干一行就努力做好这一行。

五年前，我被单位领导调到办公室工作。在这之前，我一直认为办公室工作最简单，最容易，只不过做些上传下达，后勤保障等鸡毛蒜皮的小事，但后来我渐渐地认识到办公室工作的重要性。办公室是企业和部门之间的桥梁和纽带，是一个企业的信息传递与反馈中心，是维持企业正常运转的枢纽，起着沟通、协调、组织与辅助的作用。所以，做一名办公室人员要有甘当配角，做幕后英雄的思想准备。在办公室工作中我时刻提醒自己要做到“不简单”和“不容易”。不简单就是把简单的事情千百遍都做好，就是不简单；不容易就是认真做好大家都认为非常容易的事情。做一个优秀的办公室人员也许并不需要太高的智慧与才华，而更应具备强烈的责任心与敬业精神。

通过这几年的工作，我懂得了这样一个道理，做什么样的工作和有什么样的头衔并不重要，重要的是尽自己的努力去做好它，完成它，能够做好每一件小事才是成功的铺垫。如果我竞聘上这个岗位，我将集中精力，脚踏实地地做好如下几个方面的工作：

一、紧紧围绕办公室的工作目标，协助领导做好各项具体工作；

二、紧紧围绕提高工作效率，提高工作的科学性、合理性、紧凑性，加快节奏，提高办事效率；

三、紧紧围绕重点工作，有针对性地提出操作性强的对策和建议，做到督办内容，完成时限，完成结果三明确；

四、紧紧围绕办公室的职能作用，处理好领导与各科室，各职能部门之间的关系，当好“中介者”、“协调者”和“辅助者”；

五、紧紧围绕办公室的相关工作，认真学习，全面掌握与本行业管理相关的政策、法规和业务知识；

六、紧紧围绕办公需求，做好事务性管理服务工作和做好办公室档案归档建设工作。

对于竞聘这个岗位，我是本着勇于尝试，敢于接受挑战的精神。我想，在绝大多数竞聘者的竞聘报告中都会提到同样一句话，

“尽自已最大的努力认真做好本职工作”。这看似很简单的一句话,真正要做到它其实很难。可以毫不避讳地讲,这几年的工作我没有做到十全十美——面对压力有过退缩,面对困难有过妥协,面对工作有过抱怨。我想这是一种潜藏在人性上的一些弱点,在今后的工作中我会努力克服这些弱点,使之不成为一种惯性的发展方向,不成为工作上的绊脚石。我会一步一个脚印踏踏实实做好本职工作。希望若干年后,如果有机会再次走上这个讲台,面对大家我可以毫无愧色地说:对工作我真得尽力了!

谢谢大家!

[范本二]银行支行行长竞职演说

各位领导、同志们:

支行为贯彻、落实总行、省分行人事激励约束改革,充分体现“赛马”不“相马”的用人机制,决定采取全员行动,在全行范围内实行中层干部竞聘上岗。这次,我竞聘的岗位是:支行行长。

根据省分行的改革思路,我行已实行了“公司业务上移,个人业务下沉”的战略,对网点功能进行了重新定位。目前营业网点的功能是:向个人、单位提供结算、金融服务,销售各种个人金融产品,拓展个人银行业务、维护个人客户关系。网点分为精品网点、多功能网点和一般网点。支行目前是多功能网点,正在报批精品网点。网点作为银行最基层的经营单位,经营目标是效益最大化。我行××××年的经营目标是:以“三个经营”和省行、支行经营方针为指导,以加强内部管理为保障,充分利用网点资源,大力发展个人银行业务和中间业务,全面提升网点的经营效益,努力实现储蓄存款新增××××万元,中间业务收入××万元,利润新增××,同时完成上级银行下达的其他各项考核指标,确保全年无案件、无事故发生。

为实现以上目标，我准备从以下几方面开展工作：

一、经营客户，提高优质客户群体占比，开辟储蓄存款新增长点

我行位于××大道西旁，对面是区政府，毗邻××，其所在区域是××区行政、生活的中心，临近居民较密集，客户资源相对较丰富，该区域一直是金融机构必争之地。在以我行为中心的前后×××米范围内，聚集了×家商业银行，金融竞争异常激烈。经过11年的发展，本办事处已吸收、积累了大量的客户，目前已有客户×××××户，储蓄存款余额为×××××万元，但是户均存款仅××××元。可见，本办个人客户总量虽不少，但低端客户占绝大多数，造成业务量大，办理业务人多，客户等候时间长，难以吸引、留住优质客户，存款增长有限。

要使储蓄存款有较大幅度的增长，我认为：首先，要经营好客户。经营客户，就是要对客户进行综合评价，根据客户对银行的贡献度确定营销的方向和方法，对客户有所取舍；并将主要精力集中在能为本行带来更多利润的客户身上，从而扩大网点的盈利空间。网点要注重对原有客户和新客户的客户关系管理，通过各种方式了解客户信息，如对存量客户，可通过查看每天打印的《储蓄重要事项稽核清单》，找出余额达到一定数额的客户账号，然后通过账号查阅详细客户资料，挖掘潜在的 VIP 客户；对新客户，一定要求前台柜员配合，对大额存款客户资料详细登记，并及时发放 VIP 卡，逐步建立完善的客户档案，以便于加强与客户的沟通与联系，全面提高客户维护水平。为 VIP 客户提供绿色通道、提醒服务、节日慰问、个人理财建议等 VIP 服务，增强对客户的吸引力与凝聚力，从而提高 VIP 客户的增长比。第二，要主动走出银行，积极营销。营销人员要对周边的社区资源、环境变化、市场动态等进行认真的调查分析，及时掌握信息，并根据相关信息，积极、主动地开展工作，走出行门，走进社区，主动出击，将客户带进银行。对于陌

生的环境，可通过旁人的穿针引线，特别是政府主管部门的引荐，寻找突破口。第三，根据客户的不同需求，能为客户提供不同的金融产品，满足客户的需求，并能以优质的柜台服务来保障。

二、大力拓展中间业务，提升盈利能力

在存贷利差不断缩小的今天，中间业务已成为银行增加利润的重要来源。我行的中间业务主要来源于结算收入、银行卡收入和代收、代发手续费收入，收入来源渠道较窄。明年，我办将在继续加大原有中间业务产品营销的基础上，不断拓宽新的收入渠道，增加中间业务收入。具体思路是：1. 深入到各大市场，营销"速汇通"。2. 与××房地产有限公司联系，争取明年交楼的××苑××多户业主的代扣费业务，并以此为契机，进而争取该公司下属××物业管理公司和区府宿舍共××××多户的代扣费业务。3. 充分调动全办员工的营销积极性，在实行柜台流程再造后，把压缩的后台人员充实到营销岗位，在大堂设置机动营销人员，加大对柜台代理保险、代理基金、代理国债、银证通的营销力度，增加代理证券手续费收入。4. 向存款额大的客户营销个人委托贷款业务。

三、加强个贷管理，发展个人资产业务

资产业务是高风险业务，在发展业务时，我办将注重风险的防范，严格把好风险控制关，对每一笔个人贷款都认真落实贷前调查，上门实地查看抵押物，严格控制放贷成数。发展目标以代发工资、我行的 VIP 客户、收入稳定的公务员、事业单位等目标客户为主；同时，计划与区个体协会联系，举办一次个贷业务宣传活动，为有资金需求、信用好、有抵押物的工商个体办理生产经营性个人贷款。

四、加强内控基础管理，防范风险

银行是经营风险的行业，风险防范是银行一项常抓不懈的基础工作。作为网点负责人首先要正确认识、处理业务发展和风险防范的关系，认识规章制度是我们各项业务健康发展的基础和保证。不仅本人要做执行规章制度的模范，还要经常教育员工，不断提高员工风险防范意识，养成按章办事的操作习惯。如果柜台办理的每一项业务、操作的每一个环节都按章处理，风险是可控的。除此之外，还必须依靠、支持风险经理的工作，充分发挥风险经理对网点柜台的交易、授权，以及核心环节实施全面协调、监督与控制的职能。在规范、有序的基础上发展业务，使办事处的业务发展建立在扎实管理的基础上。

五、加强员工队伍建设，提高员工素质和网点服务质量

员工是网点最重要的资源。加强员工队伍建设，充分发挥员工的工作积极性，是网点负责人的重要工作之一。我认为：作为网点负责人，除了要发展业务，还应该带好队伍，对员工的成长负责，为员工提供良好的发展空间。首先应多给予员工人文关怀，尽量为员工排忧解难，工作中多给予员工赞扬和激励，在网点营造一种轻松、和谐的工作氛围。其次，要多组织员工进行各种培训，在办事处形成良好的学习氛围，提高员工素质。如定期组织点钞、辨钞、汉字输入等业务技能培训和考核，强化前台柜员的操作技能，提高业务办理速度，减少差错和客户投诉。除组织技能上的培训，还要多进行我行金融产品和营销技能的培训，让所有员工都熟悉掌握本行的各种个人金融产品，每一个员工都能胜任业余的产品宣传、营销工作。继续推行有效的激励与约束机制，建立科学的考核办法。主要体现在对绩效工资网点实行二次分配上，实行彻底的同工同酬，真正体现多劳多得、奖勤罚懒、奖优罚劣的分配原则，拉开收入差距，对工作起到积极的促进作用。

我相信，有上级银行领导的正确指导和大力支持，有本行各位同事的齐心协力，有我本人倾心尽力的工作，我行一定能争创佳绩，再上新台阶，实现网点业务总量、经营效益和服务质量的全面提升！

谢谢大家！

[范本三]高中学生会主席竞选演说

各位老师、同学们:下午好!

能站在这里参加学生会的竞选,我很高兴也很激动,更要感谢大家对我的支持和信任。我首先作个自我介绍,我叫××,来自高二(×)班,是(×)班班长、体育委员及治安部高一负责人之一。

泰戈尔有句名言:"天空中没有鸟的痕迹,但我已飞过。"而我想说:"天空中没有鸟的痕迹,但我正在飞翔。"我这次竞选的职位是学生会主席,作为同学们推荐的候选人,我自信能胜任此职,在同学们的协助下,我相信我可以把学生会的工作做得更好、更出色。

我是一个十分有上进心的人,任何事情不做则已,做则一定做好。俗话说:"海阔凭鱼跃,天高任鸟飞"。对我而言,我需要一个更广阔的空间来展示自己的能力。"欲穷千里目,更上一层楼",只有站得更高才能看得更远,我希望在更高的位置发挥更大的作用,去带领学生会,把我们学校的各项工作做得更好。

我相信我有能力实现自己的诺言,无论在工作还是学习上,我都有优势。在治安部工作了近一学年,从以前只会按上级要求办事到现在能独立策划、组织各种活动,我经历了一个由不会到会,由不好到好的过程,现在工作起来总觉得游刃有余,得心应手。在处理各种问题时,我总会拓宽自己的思路,大胆地去想,由于突破了常规,经常获得一些意想不到的效果。

作为一名干部,自然要在各个方面都起表率作用,当然也包括学习。所以在学习上,我对自己的要求十分严格。我学习的时间比其他同学少,常常要在别人复习功课的时候为工作而奔波。但我能合理地安排时间,在规定的时间内保质保量地完成各科作业,并充分利用课余时间来组织知识比赛。这样一来,我的成绩不但没有下降,还提高了学习效率。正因为如此,我的成绩一直排在年级前列，而且在去年数学竞赛中，我获得了国家三等奖，英语竞赛获得二等奖。

但“人非圣贤，孰能无过？”我在工作中也出现过一些错误，但我敢于面对。通过老师和同学们的批评、帮助及自己的努力，我很快就得以改正，决不允许自己在同样的地方跌倒两次。由于在胜利面前不骄傲，在失败面前不气馁，我才会在奋斗中迅速地成长和提高。

上届的学生会为我校做出了重大的贡献，为我校赢得“省级示范学校”奉献了许多，他们的成绩尽人皆知。当然，在成功的背后仍然隐藏着一些问题。现在接力棒马上要传到我们的手中。俗话说“长江后浪推前浪，一代新人胜旧人”，我相信，只要我们在吸收他们长处的基础上，与时俱进、大胆创新、锐意进取、全心全意为大家提供优质服务，学生会的各项工作将会做得更好、更出色。

如果我有幸当选，我会全力以赴地投入到实际工作和学习中，把我们该做的事情都做好，该处理的问题处理妥当。我会以优异的成绩来证明，你们的选择是正确的。

我的演讲完毕，谢谢大家！

[范本四]超市店长助理竞职演说

尊敬的各位领导和同仁们，您们好！

我今天要演讲的题目是《我不后悔每一天》。

伴着新年鞭炮的余声、和着节日的喜气、踏着春天的脚步，我们××超市又迎来充满希望的一年，作为××店的老员工，我也一步一步地成长起来了。我叫×××，现年××岁，现在担任××店收银课长一职，今天我竞聘的职位是店长助理。

当我踌躇满志地走出学校大门，踏入社会参加工作的第一步就与××结下了不解之缘。××××年的金秋十月，伴着××店的开张锣鼓和冲天的喜气，我穿上了超市的红背心，成为××店的一名收银员。望着身上的红背心，我既兴奋又紧张，但更多的是自豪和骄傲，同时也深感自己肩上的责任重大。虽然我只是一名普通的收银员，但我的一举一动、一言一行，哪怕是一个眼神，都赋予了它们新的内涵。它代表着整个企业的形象，是我们××超市对外服务的窗口。当我走上收银台，便暗下决心：一定要努力工作，做一名优秀的收银员，不辜负公司的培育和领导的信任，不后悔每一天！

在收银岗位上，我经手的现金成千上万，但从没有错过一分钱。夜班要下班了，只要有一个顾客没有离店，我的收银机就不会关上。上班早几分钟，下班迟几分钟，便让领导多几分放心。当收银员没有多久，我就被评为××的"优秀员工"，从总经理手上接过了烫金的"荣誉证书"，这充分证明了领导对我工作的肯定和认可，对于曾经工作过的每一天，我没遗憾，更没有后悔。

从××××年起，我被升职为收银课长。我的责任更大了，担子更重了。每天晚上下班时分我都要去收银清班，把钱收好锁好，一天不落，风雨无阻。坚持唱好每天的五步曲：一是晨会必查、合理调度。二是督促下属、保障畅通。三是合理安排、提高效率。四是严格考核、奖勤罚懒。五是解决疑难、不断改进。

由于唱好了上述五步曲，我的收银课长的工作深受领导的赞赏和同事的拥戴。至今我没有出过一次人为责任事故，没有遭到一次顾客投诉，没有出过任何钱账差错。我个人的操心，换来的是让领导放心，让同事舒心！

竞聘担任店长助理一职，又是我新的工作起点。我如果有幸成功，将会加倍地付出和努力，相信一定会迎来更加灿烂和辉煌的明天。相信我吧！选择我，您不会后悔，我也决不会让您后悔！

谢谢大家！

第三章 就职演说

【提示】

就职演说是新当选的政府首脑、地方或部门领导人、企事业单位中应聘干部等在走马上任前发表的施政演说。就职演说有利于当选者在表明自己的施政纲领、工作态度和奋斗目标的同时,展示自己良好的工作形象,促使自己在以后的工作中尽职尽责,兢兢业业,同时,也能给人们带来无限的希望和力量。

就职演说一般包括四部分:

1. 称呼。演说时对听众的称呼,一般运用全称。因为面对的听众是群体,表达时要亲切得体。

2. 开头。写明就职者的心情,表达对选民、代表、群众的谢意。

3. 主体。写明施政纲领、措施,近期所要做的几项重要工作,所要达到的效果、目的等。

4. 结尾。表示决心,展望未来、鼓舞斗志,一般以表示谢意的话语作结。

就职演说有话则长,无话则短,要抓住主要问题,切中时弊,要言不烦,简明有力。其言谈举止要庄重、诚恳,向听众表达自己为国尽力、为民造福、为事业兴盛而尽职的态度、决心和毅力时要充满自信,坚定明快;阐述施政目标、措施时要实事求是,不装腔作势。

[范本一]人民政府县长的就职演说

尊敬的各位领导、各位代表,大家好!

十分感谢在座的各位代表对我的信任与支持，选举我为××县人民政府县长。我深知这一信任的分量，在你们的身后是××万人民的重托。县长的任期是有限的，而责任是无限的。我将为××县的建设与发展，奉献自己全部的热情、智慧和汗水，以不负人民的期望，不负历史的重托。在今后的工作中，我将努力做到：

一、不辱使命，真抓实干。我将以科学发展观和正确的政绩观为指导，始终把加快发展作为政府工作的第一要务，抓机遇、谋发展，竭力做好“工业强县、二次创业”的各项工作，不断壮大产业经济，大力发展各项社会事业，积极构建和谐社会，努力实现经济社会持续快速协调健康发展。坚持一切从实际出发，按客观规律办事，察实情、说实话、出实招、求实效，不做虚假表面的文章，不做沽名钓誉之事，把更多的精力放在深入基层、调查研究和落实工作上，扎扎实实多做取信于民的实事，树立政府干事创业的良好形象。

二、与时俱进，开拓创新。××县的资源、区位及市场优势十分明显，××县政府过去的工作基础非常坚实，发展进程更是备受市里的高度关注。在这样特殊的地方、处在这么重要的岗位，自己确有一种“临渊履冰”的感觉。我将始终保持一种时不我待、只争朝夕的紧迫感，寝食难安、拼搏争先的责任感，不进则退、慢进也是退的危机感，以加快××县发展为己任，吃透“上情”、体察“下情”、关注“外情”、洞悉“内情”，用创新的胆识、创新的作为，把国家法律法规、上级政策和××县的实际相结合，创造性地开展工作，不断开创政府工作的新局面。

三、牢记宗旨，勤政为民。我将把广大人民群众的安危冷暖放在心上，做到眼里有百姓的利益，心里有百姓的位置，时刻倾听群众呼声，体察社情民意，关心群众疾苦，及时研究和解决人民群众最关注的热点、难点问题，多做访贫问苦、扶残助困、雪中送炭的好事，多干暖民心、得民心、稳民心的实事，真正做到大事要求得到群众支持,难事要得到群众理解,好事要办得群众高兴,努力把广大人民群众的切身利益实现好、维护好、发展好。

四、科学决策,依法行政。我将不断健全政府决策机制,完善决策程序,杜绝随意性、盲目性。特别是事关广大人民群众切身利益的重大决策,要广泛征求意见,搜集社会信息,向群众说明,向社会交底,务求政府的决策更加贴近群众需要,更加贴近发展需要。同时,加强政府法制建设,强化公务员队伍教育与管理,切实提高依法行政的能力和水平,完善行政执法监督体系,全面落实行政执法责任制和执法过错追究制,重点解决“不作为”和“乱作为”问题,真正做到守法不违法,作为不乱为,利民不损民。

五、严于律己,清正廉洁。我将倍加珍惜人民赋予的权力,堂堂正正做人,清清白白为官,为人民掌好权、用好权,绝不搞以权谋私,做到一身正气、两袖清风。带头执行廉洁自律的各项制度和规定,不为名利所困,不为物欲所诱,不为人情所扰,筑牢拒腐防变的坚固防线,以公生明,以廉树威,永葆共产党人的政治本色。

各位代表,××县正站在发展的新起点上,党和人民将县长的“接力棒”交接到我的手中,我既备感压力和挑战,又对发展前景充满信心。在未来的征程中,我将紧紧依靠县委的坚强领导,紧紧依靠县人大、县政协的监督和支持,紧紧依靠全县人民的智慧和力量,紧紧依靠政府班子的团结协作,尽职履责,真抓实干,开拓创新,为全面建设××县的小康社会而努力奋斗!

谢谢大家!

[范本二]市卫生局局长的就职演说

各位领导、同志们:

根据组织安排,拟让我担任市卫生局局长职务。这是市委、市政府对我的信任,也是本人接受人大监督的更好机会。如果我能最终走上这一工作岗位，我将紧紧依靠市委、市政府的领导，始终坚持依法行政，自觉接受人大监督，恪尽职守，埋头苦干，扎扎实实做好工作，不辜负市委、市人大、市政府的重托和全市人民的期望。我将努力做好以下几方面的工作：

一要勤奋学习，树立善管会干的形象。面对新岗位、新职务，必须运用新的思维和新的方法。创新思维的关键是解放思想，解放思想的前提是加强学习。作为卫生系统的一名领导干部，要向理论学习，向实践学习，向医护人员学习；努力掌握邓小平理论的科学体系和“三个代表”重要思想的精神实质，刻苦钻研市场经济、现代管理、法律法规、卫生防疫等方面的知识，不断充实、完善、提高自己；增强驾驭市场经济、应对复杂局面和解决实际问题的能力，真正成为能开拓、善管理、懂卫生知识的行家里手。

二要大胆实践，树立敢于创新的形象。实践告诉我们，没有创新，工作就打不开局面；没有创新，社会就不会发展；没有创新，人的思维就会僵化。要树立创新意识，需先解放思想。解放思想必须体现在具体工作中，体现在实际行动上。对认准的事，要敢负责任，敢挑担子，敢冒风险；对决定的事，要敢于超越过去、超越常规、超越传统、超越成功的经验，要以敢为人先的闯劲和百折不挠的韧劲，在卫生事业发展的实践中建功立业。

三要扎实工作，树立真抓实干的形象。抓落实是一切工作成败的关键。要大力弘扬“唯真、唯实、唯严”的“三唯”作风，注重目标求实、措施扎实、作风务实、考核真实，建立健全岗位责任制和责任追究制。全力抓好传染病的防治工作，依法加大医疗机构和食品卫生整顿治理力度，维护人民群众的健康安全；严格规范城乡医疗秩序，净化医疗市场；端正态度，改善服务，为群众提供良好的医疗环境。要深入基层，贴近实际，坚决杜绝坐而论道、马虎了事、作风漂浮等不良现象；不在花样上动脑筋，多在落实上下硬功，着力形成亲民爱民、求真务实的良好政风。

四要密切配合，树立团结协作的形象。要始终围绕市委、市政府的中心工作，突出加快发展这一主题，鼓劲加压，协同作战。作为卫生局的主要负责人，要把主要精力放在出思路、定盘子、用好人上，放在理大事、抓重点、谋全局上。要严格坚持民主集中制原则，实施民主管理，科学决策，团结班子，爱护同志。要注意发挥班子其他成员的作用，充分调动他们的积极性、主动性，让他们多想事、多做事、多管事。上下左右善沟通、勤交流、多协调，努力形成一个知无不言、推心置腹、互相尊重、配合协调的良好氛围，真正做到合心合拍合力干好卫生工作。

五要从严治政，树立清正廉洁的形象。清正廉洁是从政者基本的职业准则和职业道德。在新的工作岗位上，要大力弘扬艰苦奋斗、勤俭办事的优良传统，坚决反对铺张浪费，大力压缩各项支出，切实降低工作成本。要带头执行中央《关于廉政建设的若干规定》和党员领导干部从政的“六条准则”，始终把自己置于法律、制度和群众的监督约束之下，不滥用权力，不谋取私利。要做到“堂堂正正做人，清清白白做官，扎扎实实做事，公公正正执法”。常思贪欲之害，常弃非分之想，常怀律己之心，常修为政之德。做到清正廉洁、质朴无华、淡泊平和、两袖清风。努力建设一支政治坚定、勤政为民、公道正派、廉洁奉公、团结高效的高素质卫生医疗队伍。

六要依法行政，树立法治卫生的形象。卫生局作为市政府的重要职能部门，在推进依法行政、提高政府部门工作水平上担负着重要职责。我将认真履行岗位责任，把依法行政贯穿于卫生工作的实践，自觉依法办事、依法管理、依法行使职权；认真落实行政执法责任制，按照执法范围，抓好任务落实。自觉接受人大监督，坚决贯彻市人大及常委会通过的各项决议、决定，定期向市人大常委会报告工作，重大问题及时向市人大汇报；及时请求市人大常委会领导视察、检查、指导工作，认真听取、采纳人大代表的意见和建议；采取聘请人大代表担任执法执纪监督员等形式，及时征求人大代表的意见和建议，不断改进工作，提高依法行政水平。

[范本三]微生物所所长的就职演说

各位领导、各位职工同志们，大家好！

非常感谢院领导及全体职工对我的支持和信任，选举我做××省微生物所所长。我深知这个选举的分量，因为在它的身后，是微生物所××名职工的重托。微生物研究所，曾有过辉煌的历史。可是，由于各种原因，我们的优势正慢慢地失去，在地区和同行中，我们已经落伍的事实一天天地暴露出来。可以说，我们正处在一个十分关键的发展时期。当前，在我们的面前，挑战和机遇并存，积极迎接挑战，就能赢得机遇。以实际行动，而不是口头语言，迎接挑战，现在比任何时候都重要。我们要在这个“关键的发展时期”大有作为，就必须在务实上下工夫。所谓务实，说到底就是要尊重历史、尊重实际、尊重群众。如果说每一代人都有各自的使命的话，那么历史所赋予我们这一代的使命就是迎接挑战，在挑战中争取我们的发展机遇。我今年已满××岁，已近“不惑”之年，我理解，我的使命就是和全体职工、和在座的各位一道，共同奋斗，把我所要做的事情办好。让我们大家在院党委的领导下，以问心无愧的工作来最终代表全体职工的根本利益。感谢我的前任班子的努力，他们过去的艰苦创业精神将鼓舞我前进；他们如今把担子放在我的肩上，我将带领我们这个班子，团结广大职工，在现有条件的基础上，使我们所的工作迈上一个新台阶。当前，在我所面临挑战的情势下，必须抓住三个方面：

1. 今后研究所的生存问题，需要有一到两个主导产品，克服目前我所没有产品收入的现状。在巩固我所原有的优势产业的同时，寻找新的产业，集中全所力量培养一至二项能够形成产业、有市场前景的新项目，使我所尽快摆脱目前的困难局面，在市场上求生存，求发展，使职工有一个稳定的收入来源。我将尽我所能，在一年中完成好主导产业的建设。

2. 解决好历史遗留问题。

3. 我将带领全所职工，在增加职工收入及福利方面积极努力，增加研究所的收入，和领导班子一起充分考虑职工的利益，共同为增加职工收入及福利做出努力，按时足额交纳三险一金，使我所的保险与社会接轨，解决职工的后顾之忧。逐步恢复包括暖气补贴等一系列福利。××年来，我所在历任院领导下，勤奋工作，不懈追求，在我省的建设史上留下了浓重的笔墨。

今天，我当选为微生物所所长，感到无比荣幸，并愿在今后的工作中尽职尽责，不辱使命，以回报大家的信任。在感到荣幸的同时，我更感到巨大的压力，而且大家越是默默地注视着我，我的压力就越大。我现在听到的是同志们的鼓励，想到的却是一年以后怎么向院领导和全体职工上交成绩。我所长期积累的众多困难问题，决定了振兴我所的大事必将是持久战，不会是速决战。在这个过程中，既需要有大刀阔斧，只争朝夕的锐气，更需要卧薪尝胆，长期坚持的韧性。

对我来说，今天是一个新的起点，我会扎扎实实、尽职尽责地去做，做好每一天的工作，直到卸任的那一天。我的能力有限，水平不高，但我相信勤能补拙，愿意“笨鸟先飞”。我想，只要像愚公移山那样，每天挖山不止，就一定会有成效。更重要的是，我们所人才济济，只要能够把大家组织好，调动起大家的积极性，我所的事业就一定大有希望。

在此，我也诚恳地希望得到各位领导和全体职工的支持、监督、帮助，没有大家的支持，我将一事无成。为了我所的发展，请全所职工献计献策，团结友爱，互帮互助，尽职尽力。我将团结和带领全体职工，与时俱进，克难制胜，以崭新的风貌、高昂的斗志、求实的作风，共同开创我所美好的明天。不管前面的路途多么艰难，我将尽我所能。谢谢大家!

[范本四]美国总统罗斯福的就职演说

胡佛总统,首席法官先生,朋友们:

今天,对我们的国家来说,是一个神圣的日子。我肯定,同胞们都期待我在就任总统时,会像我国目前形势所要求的那样,坦率而果断地向他们讲话。现在正是坦白、勇敢地说出实话,说出全部实话的最好时刻。我们不必畏首畏尾,不老老实实面对我国今天的情况。这个伟大的国家会一如既往地坚持下去,它会复兴和繁荣起来。因此,让我首先表明我的坚定信念:我们惟一不得不害怕的就是害怕本身——一种莫名其妙、丧失理智的、毫无根据的恐惧,它把人转退为进所需的种种努力化为泡影。凡在我国生活阴云密布的时刻,坦率而有活力的领导都得到过人民的理解和支持,从而为胜利准备了必不可少的条件。我相信,在目前危急时刻,大家会再次给予同样的支持。

我和你们都要以这种精神,来面对我们共同的困难。感谢上帝,这些困难只是物质方面的。价值难以想象地贬缩了;课税增加了;我们的支付能力下降了;各级政府面临着严重的收入短缺;交换手段在贸易过程中遭到了冻结;工业企业枯萎的落叶到处可见;农场主的产品找不到销路;千家万户多年的积蓄付之东流。

更重要的是,大批失业公民正面临严峻的生存问题,还有大批公民正以艰辛的劳动换取微薄的报酬。只有愚蠢的乐天派会否认当前这些阴暗的现实。

但是,我们的苦恼决不是因为缺乏物资。我们没有遭到什么蝗虫的灾害。我们的先辈曾以信念和无畏一次次转危为安,比起他们经历过的险阻,我们仍大可感到欣慰。大自然仍在给予我们恩惠,人类的努力已使之倍增。富足的情景近在咫尺,但就在我们

见到这种 情景的时候，宽裕的生活却悄然离去。这主要是因为主宰人类物资交换的统治者们失败了，他们固执己见而又无能为力，因而已经认定失败了，并撒手不管了。贪得无厌的货币兑换商的种种行径，将受到舆论法庭的起诉，将受到人类心灵理智的唾弃。

是的，他们是努力过，然而他们用的是一种完全过时的方法。面对信贷的失败，他们只是提议借出更多的钱。没有了当诱饵引诱 人民追随他们的错误领导的金钱，他们只得求助于讲道，含泪祈求人民重新给予他们信心。他们只知自我追求者们的处世规则。他们没有眼光，而没有眼光的人是要灭亡的。

如今，货币兑换商已从我们文明庙宇的高处落荒而逃。我们要以千古不变的真理来重建这座庙宇。衡量这重建的尺度是我们体现比金钱利益更高尚的社会价值的程度。

幸福并不在于单纯地占有金钱；幸福还在于取得成就后的喜悦，在于创造努力时的激情。务必不能再忘记劳动带来的喜悦和激励，而去疯狂地追逐那转瞬即逝的利润。如果这些暗淡的时日能使我们认识到，我们真正的天命不是要别人侍奉，而是为自己和同胞们服务，那么，我们付出的代价就完全是值得的。

认识到把物质财富当作成功的标准是错误的，我们就会抛弃以地位尊严和个人收益为惟一标准，来衡量公职和高级政治地位的错误信念；我们必须制止银行界和企业界的一种行为，它常常使神圣的委托混同于无情和自私的不正当行为。难怪信心在减弱，信心，只有靠诚实、信誉、忠心维护和无私履行职责。而没有这些，就不可能有信心。

但是，复兴不仅仅只要改变伦理观念。这个国家要求行动起来，现在就行动起来。

我们最大、最基本的任务是让人民投人工作。只要我信行之以智慧和勇气，这个问题就可以解决。这可以部分由政府直接征募完成，就像对待临战的紧要关头一样，但同时，在有了人手的情况下，我们还急需能刺激并重组巨大自然资源的工程。

我们齐心协力，但必须坦白地承认工业中心的人口失衡，我们必须在全国范围内重新分配，使土地在最适合的人手中发挥更大作用。

明确地为提高农产品价值并以此购买城市产品所做的努力，会有助于任务的完成。避免许多小家庭业、农场业被取消赎取抵押品的权利的悲剧也有助于任务的完成。联邦、州、各地政府立即行动回应要求降价的呼声，有助于任务的完成。将现在常常是分散不经济、不平等的救济活动统一起来有助于任务的完成。对所有公共交通运输，通信及其他涉及公众生活的设施作全国性的计划及监督有助于任务的完成。许多事情都有助于任务完成，但这些决不包括空谈。我们必须行动，立即行动。

最后，为了重新开始工作，我们需要两手防御，来抗御旧秩序恶魔卷土从来；一定要有严格监督银行业、信贷及投资的机制；一定要杜绝投机；一定要有充足而健康的货币供应。

以上这些，朋友们，就是施政方针。我要在特别会议上敦促新国会给予详细实施方案，并且，我要向 18 个州请求立即的援助。

通过行动，我们将予以我们自己一个有秩序的国家大厦，使收入大于支出。我们的国际贸易，虽然很重要，但现在在时间和必要性上，次于对本国健康经济的建立。我建议，作为可行的策略、首要事务先行。虽然我将不遗余力通过国际经济重新协调所来恢复国际贸易，但我认为国内的紧急情况无法等待这重新协调的完成。

指导这一特别的全国性复苏的基本思想并非狭隘的国家主义。我首先考虑的是坚持美国这一整体中各部分的相互依赖性，这是对美国式的开拓精神的古老而永恒的证明的体现。这才是复苏之路，是即时之路，是保证复苏功效持久之路。

在国际政策方面，我将使美国采取睦邻友好的政策。做一个决心自重，因此而尊重邻国的国家。做一个履行义务，尊重与他国协约的国家。

如果我对人民心情的了解正确的话，我想我们已认识到了我们从未认识的问题，我们是互相依存的，我们不可以只索取，我们还必须奉献。我们前进时，必须像一支训练有素的忠诚的军队，愿意为共同的原则而献身，因为，没有这些原则，就无法取得进步，领导就不可能得力。我们都已做好准备，并愿意为此原则献出生命和财产，因为这将使志在建设更美好社会的领导成为可能。我倡议，为了更伟大的目标，我们所有的人，以一致的职责紧紧团结起来。这是神圣的义务，非战乱，不停止。

有了这样的誓言，我将毫不犹豫地承担领导伟大人民大军的任务，致力于对我们普遍问题的强攻。这样的行动，这样的目标，在我们从祖先手中接过的政府中是可行的。我们的宪法如此简单，实在。它随时可以应付特殊情况，只需对重点和安排加以修改而不丧失中心思想，正因为如此，我们的宪法体制已自证为是最有适应性的政治体制。它已应付过巨大的国土扩张、外战、内乱及国际关系所带来的压力。

而我们还希望行使法律的人士做到充分的平等，能充分地担负前所未有的任务。但现在前所未有的对紧急行动的需要要求国民暂时丢弃平常生活节奏，紧迫起来。

让我们正视面前的严峻岁月，怀着举国一致给我们带来的热情和勇气，怀着寻求传统的、珍贵的道德观念的明确意识，怀着老老少少都能通过恪尽职守而得到的问心无愧的满足。我们的目标是要保证国民生活的圆满和长治久安。

我们并不怀疑基本民主制度的未来。合众国人民并没有失败。他们在困难中表达了自己的委托，即要求采取直接而有力的行动。他们要求有领导的纪律和方向。他们现在选择了我作为实现他们愿望的工具。我接受这份厚赠。

在此举国奉献之际，我们谦卑地请求上帝赐福。愿上帝保佑我们大家和每一个人,愿上帝在未来的日子里指引我。

谢谢各位!

第四章 离职演说

【提示】

离职演说是指退役、退休、离任、卸任等即将离开原来职位的人员发表的演说。其结构一般由称呼、前言、主体和结局四个部分组成。

1. 称呼：主要是对大会主持人、听众打招呼，表示问候和敬意。如“各位领导、各位同志”。

2. 前言：首先说明自己即将离任的心情，然后对大家以往的信任、支持和合作表示感谢。

3. 主体：回顾任职期间的工作成绩、经验和不足，并说明其原因。

4. 结尾：表示今后的决心和希望，再一次向大家致谢。

离职演讲时首先要展示良好的态度，把离职演讲当作告别过去、开辟未来的新起点，做到热情、达观；语言表达要短小精悍，形式活泼，以短句、散句为佳；基调确定为平中显高，做到感情充溢，表达畅快；另外还要注意临场联想、即兴发挥。

[范本一]市委书记的离职演说

尊敬的各位领导、同志们：

为了进一步加强我市领导班子建设，促进××市的经济社会更快更大地发展，我提出不再担任市委书记，让富有朝气、更有能力的××同志接任。让我感到欣慰的是，××市委同意我的要求。同时，对本次荣升、荣转、荣退的同志我都表示衷心的祝贺。

我自从到××任职以来，和几个班子的同志们一道，带领全市人民实施了绿色食品发展战略，有力地促进了××经济和各项社会事业的持续、快速、健康发展。农业通过建设绿色食品基地，大大提高了农产品品质，增加了农民收入；工业组建了国家级龙头企业××集团，形成了以米、豆、药、蜂为主导产业的绿色食品加工业体系；绿色食品销售顺畅，口岸过货成番论倍增长，特色旅游业初具规模；城市建设快速发展，群众的生活、工作环境和居住条件都大大改善；民主法制建设和党的建设不断加强。全市政治清明，社会安定，人民安居乐业。这些成绩的取得，是上级领导关怀和支持的结果，是我市市级四个班子团结协作、相互配合的结果，是全市广大党员干部群众真抓实干、开拓进取的结果。班子成员之间团结协作、相互理解、相互支持，特别是对我本人的帮助和支持，可谓春风拂面，使我本人安心工作，受益匪浅。

在此，我向大家表示衷心的感谢！我在工作中，有时对同志批评得过于严厉，借此机会向这些同志表示谦意，我们可以永远做朋友。××市委新一任领导班子坚强有力，尤其是××、××同志，有着丰富的工作经验和驾驭全局的能力，朝气蓬勃、奋发有为。相信在他们的领导下，××经济社会必定加快发展，人民生活会更加富裕。离开××以后，我将继续按照“三个代表”的要求，一如既往地为党、为人民做好自己的本职工作。

我会惦记着大家，也希望你们常去看望我。最后，祝愿在座的各位事业兴旺！祝愿全市人民幸福安康！祝愿××的明天更加美好！谢谢大家！

［范本二］国税工作者的离职演说

各位领导、同志们：

今天，是我最后一次在××任职工作以来，和大家见面的机会了。借此机会，我要给各位领导和同志们表个态并说上几句话。

首先，服从组织对我工作的安排。因为这是工作的需要，作为个人应该服从大局，同时，我也非常感谢组织对我的关爱和照顾。我在××工作了×年零×个月，在此期间，我作为一个班长和大家朝夕相处，一起生活和工作，我认为跟大家已建立了深厚的友谊和真挚的感情。从班子来看，我们××的班子，始终是一个团结、务实、开拓、创新的班子，是一个能够战斗的堡垒。从××的干部队伍来看，是一支素质较高，业务较强，步调一致，能打善战的一支较为整齐的队伍。在我们这支队伍中，多年以来始终没有一个落伍的，并涌现出了很多先进个人和拔尖人才。从我们××国税工作来看，多年来对上级交办和地方党委政府布置的各项工作任务、税收任务，都能够按时、按要求、高标准、高质量去完成，为地方经济发展做出了我们应有的贡献。从××国税内部环境来看，也得到了彻底的改观，干部职工的住房和个人的待遇也得到很大的改善和提高。从××国税外部环境来说，通过我们多年坚持严带队，严执法，重服务，善协调，得到了纳税人的高度赞扬，也得到了社会各界的认可和肯定。

以上这些成绩的取得，是市局党组正确领导和支持的结果，是地方党委、政府支持和关爱的结果，是各职能部门配合帮助的结果，是我们××国税全体干部团结奋进，齐心协力，积极努力的结果。在此，我衷心地感谢各级领导和大家，谢谢你们多年来对我工作的支持和帮助，对我生活的关爱和照顾。

作为我个人，到××以来得到了领导和同志们的大力关心和帮助、配合和支持。我深深感受到大家对我本人是信任的，对我的能力也是认可的。做好人是本分。我深知好人不一定是好官，但做好官必须是好人。曾记得在我到××上任工作的那天，在××国税局会议室就面对市局领导和同志们说过："我来这里工作，就要堂堂正正做人，清清白白任职，扎扎实实工作，实实在在干事。"

我想：领导就是责任，领导就是服务，官大责任大、服务面也大。工作让大家干，心里也应时刻想着大家的事。我是这样想的，实际也是这样做的。在工作能力上，我个人的能力并不强，但我靠的是集体的力量。总的来说，我们班子还是能够总揽全局，在决策议事上还没有大的失误，在协调内外关系上，我们××国税基础已打好，和谐氛围已形成。所谓基础，就是班子队伍团结，整体政治、业务素质相对较强，管理相对规范，税政征管相对扎实，税源形成良性循环。所谓和谐氛围，就是内部风气正，人心齐，心情舒畅。这是一支能够拉得出、打得胜的队伍。纳税人纳税意识强，县域经济发展强劲，县委政府对我们国税非常支持。国税工作靠领导的支持，靠大家的力量，我才能在××工作这么多年。同时由于自己的素质还不强，水平还不高，在工作中也做过一些不该做的错事，因工作也伤害过个别同志的感情。特别是因为工作，自己不注意方法而批评过不该批评的同志，在此向同志们说声对不起，请原谅。

我就要走了，到新岗位去工作了。但我会永远珍惜，不断回顾，牢记在××工作×年多与大家建立的友谊和感情。如果有机会，我一定会来看望大家，也希望大家有机会去我那里坐一坐，喝一杯，有事需要我办的说一声，只要能办，我一定尽心尽力。谢谢大家！

[范本三]学生会主席离职演讲

尊敬的院领导、老师、同学们，大家好！

今天看到这个大厅里坐了这么多人，有一些熟悉的身影，也有许多新鲜的面容，心中真的十分感慨——我们的学生会就像一个大家庭一样，一直在培养着一批批人，他们忙碌在校园的每个角落，体会着许多其他同学可能不曾体会到的酸甜苦辣；“她”也一直在等待着许多人，等待着那些同样年轻、朝气蓬勃而乐于奉献的人，加入进来，让这个大家庭永远温暖，永远富有生命力。

在过去的近三年时间里，我们学生会做了很多工作，取得了一些成绩，当然也存在着不少的问题。我们一共有五个部门。首先是宣传部。他们在各类活动中都起着先锋的作用，无论是张贴海报、广播，还是电视宣传，每一个活动的顺利开展都离不开他们的辛勤劳动。然后是纪检部和生活部。他们的常规工作最为繁重，每天早晚一次的例行检查，会操清点，我们都能看到他们的身影。学习部和体育部则一直活跃在我们的课余生活中。学风建设活动正红红火火地进行着，还有更多的知识竞赛正等待着大家的参与。当操场上充满着欢声笑语的时候，我们总能看到体育部的同学们忙碌其间。

当然，这些都只是我们日常工作中最为常规的部分。还有很多，比方说，每年一度的三大盛事：艺术节、体育运动会、科技节。这些节日是大家最轻松、最高兴的时候，也是我们工作最紧张，最繁忙的时候。我们要筹备环保小分队，为校园的美化贡献一份力量；我们在盛大的晚会前张罗着买荧光棒，为晚会增添一份光亮。同时，筹得的款项全部留作学生会基金，用来开展更多的活动。像××年元旦，我们学生会内部举办的一次联欢会，所有的经费都是我们自己筹来的，没向学校要一分钱。今年，学校大力开创并推广了“德育学分制”的考核制度。这项制度自颁布以来，大家可以明显地感觉到，我们的校园比过去漂亮许多，不文明的言行正日渐受到约束。这当中，学校和老师固然是主要因素，而我们学生会也充分发挥了自身的组织优势，在工作的监督和落实上起到积极的作用。同时，学生会内部建设也日趋完善，每周一次的例会、不定期的干部培训、发放工作问卷调查等，进一步增强了学生会的向心力和凝聚力。

当然，必须承认，很多的时候，当面对着一些困难，一些问题似乎难以有效解决时，我们也往往感到很无力。比如，学生会的工作似乎并不完全被许多老师和同学认可。我们经常听到，有老师抱怨本班学生会干部好像“事儿太多”，也有同学认为学生会对自己宣传得太少，留给同学们的印象不深刻……活动开展得多，但是由于种种因素限制，参与面不够广泛。同时，活动形式似乎并没有太大突破。这些我们从发放的部分问卷调查中可以感受得到。另外，从内部来看，有少数干部对自身要求不够严格，工作态度不端正，给老师和同学们的生活带来一些不愉快。同时，干部的考核和奖励措施不到位，也使得整个干部层缺乏一种竞争和活力。当然，关于这一点，我个人应该承担一部分责任，这在我的工作范围之内，却没做好，我感到非常愧疚。

三年的时间说长其实也不长，似乎还是昨天，我正站在台上，参加着学生会的竞选。一晃，学生会里又是一片崭新的天地了。学生会陪伴着我们一起，走过风风雨雨，学生会这个先进者的组织见证了我们的成长，也期待着更多新鲜血液的注入。在此，我谨代表即将退出的学生会干部向未来的成员们表示热切的期待——希望你们可以干得更好！

最后，我代表全体学生会成员向一直支持着我们的院领导、老师和同学们表示真诚的感谢——是你们信任的目光激励着我们一路走来！你们会心的微笑是我们最大的快乐！

谢谢大家！

第五章 职业演说

【提示】

职业演说是指在职人员就其自身职业的性质、特点、优势和其对该职业的认识、理解等所发表的演说。这种演说没有固定的结构和格式,只要是有感而发,真正出自内心,能打动听众,何种格式都可予以采用。

发表职业演说,不仅能加深演说者本人及其同行人员对本职工作的认识,激发起工作热情,还能让其他人知道该职业的特点,从而热爱这个职业。

[范本一]企业职员——忠诚,既是境界更是行动

同志们:

有一种品德,不论在何时何地,它都会受到人们的赞美。

有一种品德,如果你持有它,人格就会得到升华,如果你不慎丢失了它,那么你就可能一钱不值。

有一种品德,它不仅是我们立身的基础,事实上也是任何一个组织战斗力的保证。

这种品德,她的名字就叫做"忠诚"。

要说年龄,忠诚的年龄应该很大了。古人说"人无忠信,不可立于世。"又说:"不信不立,不诚不行"。可见自古以来她就一直被人们视为美德。但是直到今天她依然年轻,依然被我们的社会所珍视。

要说外表,她没有固定的肤色,她既属于我们的民族,同时也

属于全世界。德莱塞说："诚实是人生的命脉，是一切价值的根基"。美国总统布什也说："我以我的忠诚而自豪。世界上可能没有哪一个民族不看重她，不热爱她。"

她不是什么神灵，但谁都不能否认她具有神奇的作用，有了她，爱情能成经典，朋友可成至交，生命纵然消逝，但灵魂可以不朽。

在我们这个民族的星空中，流传着多少经典的爱情故事：从唐明皇与杨贵妃，到梁山伯与祝英台；从侯方域与李香君，到董永与七仙女。无论是真人真情，还是神话传说，有哪一段不是以彼此的忠诚为主旋律来谱就的呢？

1962 年 8 月，一个年轻的生命因为一次意外的交通事故而突然消逝，但也就是从那时起他的名字被镶嵌进中华民族的忠魂谱，成为我们这个时代影响最为深远的道德楷模。他"忠于革命忠于党，爱憎分明不忘本，立场坚定斗志强"，他的名字叫做雷锋。

忠诚可以让平凡变成神圣，可以使生命永远不朽。反之，如果背信弃义、心怀鬼胎，则必然不会有好下场，甚至要背上千古骂名，被永远地钉在历史的耻辱柱上。

在杭州有这么一个人，他跪在栖霞岭下的西湖边，不知已经跪了多少年，而且可以肯定地说，他还将一直跪下去，这个人便是秦桧。

秦桧，原先是宋朝的宰相，后来不幸当了金人的俘虏。再后来呢，据一些历史学家的考证，他在金人的威逼利诱下出卖了宋朝、出卖了民族，当了金人的间谍，所以他回到南宋后才会阴谋陷害岳飞。

"正邪自古同冰炭，毁誉于今判伪真"。对于这样一个可耻的变节分子，中华民族的后人所能给予他的只能是唾沫和咒骂。

历史是凝固的现实，在历史的长河里我们已经看到了忠诚的神圣。现实又是流动的历史，我们务必懂得：站在今天，其实就是站在历史的门前，为此，一定要审慎行事，忠诚于自己所选择的事业。

对于我们来说，忠诚首先意味着与公司同舟共济。如果企业是一条船，那么我们的一双手就是一支浆，只有我们共同伸出双手，让千千万万支浆一起使劲，我们的航船才能劈波斩浪，勇往直前。

对于我们来说，忠诚就意味着责任，意味着对公司利益的负责。有一本小书，名叫《每人只错一点点》，讲述了一个发人深省的真实故事。巴西远洋公司“环大西洋”号海轮是条性能先进的船，但在一次海难中沉没了，21名船员全部遇难。当救援船到达出事地点时，有人从中发现了一张纸条，上面记载着21名船员的留言：每个人都犯了一点错误，每个人都没有很好地负责，最终酿成船毁人亡的悲剧，这就是大家在死亡临近时做出的结论。

每个人都要对自己的工作负责啊，这就是忠诚的直接体现。

试想，如果我们的产品配方错了一点点；我们的市场销售输给对手一点点；我们的生产节奏又慢了一点点；我们的管理水平又落后人家一点点，那么，我们的公司可能离关门倒闭也就只差那么一点点啦！

对于我们来说，忠诚，既是一种境界，更是一种行动。不要只认为员工的忠诚对企业来说非常重要。其实，员工对企业的忠诚受益的并不仅仅是企业，最大的受益者还是员工自己。因为，一种职业的责任感和对事业的忠诚一旦养成，就会让你成为一个值得别人信赖的人，可以被委以重任的人。

让我们行动吧，同志们！为了××企业，为了大家，也为你自己，忠诚，从现在开始行动！

谢谢大家！

[范本二]大学生演讲稿——青春飞扬

尊敬的各位领导、老师,同学们:

今天,能作为学生代表在此发言,我感到非常荣幸。曾经有人说过:蕴藏于人身上的潜力是无尽的,你能胜任什么事情,别人无法知晓,若不动手试试,他对自己的这种能力就一直蒙昧不察。我觉得我能有今天这样的一点点小成绩,很重要一点就是在于我迈出了向自己挑战的第一步。我的学习基础不算好,可是我不怕,只要花时间,投精力我就不信我会落后,所以教室成了我最爱去的地方,图书馆成了我周末的必去场所。特别是在大一大二,几乎所有的夜晚都是在自习中度过的。学生工作一开始也不是我的强项,高中以前的我比较内向,没有接触过太多工作,上大学后我知道害羞有时是没有自信的表现,没有自信就意味着自己要失败;因此我向过去的自己说再见,我要磨炼,我要成熟,在不断的工作过程中我学会了自信而又坦诚地面对一切。从此让我觉得学生工作既充满挑战,又富有乐趣,所以我乐此不疲,保持热情直到现在。

有了良好的开端之后,关键就要看自己的坚持情况了。我觉得做学问真正要耐得住寂寞,当别人在网吧消磨时间的时候,当别人在用小说麻痹自己的时候,当别人在花前月下的时候,我把握好了自己,清楚自己在做什么,而且确实朝着自己的计划在前进,所以我就取得了成绩。做工作,我是以乐于奉献的思想作为基础,没有太患得患失,而且我还敢于承担有难度的工作,不断挑战自己的能力,这样不但使我的工作出色地得以完成,而且还使能力得到了飞速的提高。

还有我觉得今天我能站在这里,要感谢我们××学院,是她给予了我这么好一个环境让我可以尽情发挥;还要感谢各位领导和老师们,是你们对我的关心和教导使我在前进的道路上看清了方向，加快了步伐；还要感谢所有同学，有了你们 4 年来的理解和支持，才让我可以不遗余力地向前发展。衷心地感谢你们！

我们是当代的大学生，承前启后，继往开来，是未来社会的生力军，是推动社会生产力发展和先进文化发展的中坚力量。党和人民对我们寄予无限希望，祖国的未来靠我们去创造。努力实践“三个代表”的重要思想，刻苦学习科学文化，发展创新科学技术，这是时代赋予我们的神圣使命和历史责任，我们有权利也有义务去承担起这份责任。最后和大家分享一句话，我们共勉：青春啊，永远是美好的，可是真正的青春，只属于那些永远力争上游的人，永远忘我劳动的人，永远谦虚的人！

谢谢！

第六章　述职报告

【提示】

述职报告是各级机关、团体和企事业单位的工作人员向所在工作单位的组织人事部门或主管领导以至上级机关呈述的工作报告。它有利于述职人总结过去，面向未来，提高自己。

述职报告一般分为三部分：

1. 称呼。即对述职报告的主送单位、部门或负责人的称谓。

2. 正文。主要讲明述职的时限、范围及对任职的总体自我评价，摆出实绩及经验体会、存在的问题和教训，表明今后的决心和提出工作建议及意见。

3. 落款。署名和日期。述职报告是对述职者最好、最切实际的考察检验，表达时要系统完整，突出能力。要端正态度，实事求是。讲成绩时要恰如其分，符合实际；讲问题时要抓住要害，直截了当；讲经验时要有血有肉，有理有据，不可故意炫耀，争功诿过。

[范本一]办公室工作人员年度工作报告

尊敬的各位领导、同志们，大家好！

一年来，我在局领导的帮助和指导下，在同事们的关心和支持下，认真履行工作职责，努力学习，勤奋工作，不断进取，较好地完成了各项工作任务，现将学习、工作情况做一简要汇报。

一、加强学习，努力提高思想政治素质

始终坚持把政治理论和业务知识学习作为提高政治信念、思想素质、工作能力的重要途径。为此，以邓小平理论和“三个代表”

重要思想为指导，认真学习了十六大和十六届四中、五中全会精神，学习贯彻党章和以“八荣八辱”为内容的社会主义荣辱观教育等政治理论学习；学习了行业相关法律法规、文秘工作业务知识，参加了党务工作者实施的《公务员法》培训班。在学习过程中，注意理论联系实际、学以致用的方法，不断提高自身的认识能力和思想政治素质，自觉遵守党的纪律，不断提高工作能力，确保工作操作的程序化、规范化、严肃性。多方面完善工作能力，以便更好地完成领导交办的各项工作任务。

二、尽心尽责，认真努力做好本职工作

在工作中，我始终坚持从小事做起，忠于职守，勤奋敬业，努力提高工作水平。党务工作方面，努力协助局领导做好党风廉政建设工作，制定党风廉政建设责任制，加强对党员干部的教育管理监督，撰写了××××年党建、党支部工作安排，各项学习计划，党务公开实施方案及情况汇报，国防教育及双拥等相关材料。政务工作方面，在局领导的指导下，完成了本年度工作安排、总结及目标任务考核工作；完成了人事局各项报表、事业单位年检表的填写上报，为年终个人考核工作做好准备工作；完成了区文明委精神文明建设、未成年人思想道德建设、创建文明城市及我局文明单位建设相关材料的撰写；完成了信息上报、会议准备工作；完成了计生、工会、女工委、保密等相关材料的撰写。工作中，积极完成好党组及局领导交办的各项任务，努力做到不辜负领导信任，不愧对同志的支持。严格要求自己，积极主动地研究工作中遇到的各种问题。

三、强化形象，提高自身素质

做好办公室工作，必须坚持严格要求自己，注重以身作则，讲奉献、树正气，以诚待人。一是爱岗敬业讲奉献。办公室工作最大的规律就是“无规律”，因此，正确认识自身的工作和价值，正确处理苦与乐、得与失、个人利益与集体利益、工作与家庭的关系，坚持甘于奉献、诚实敬业，做到加班加点、公文写作不叫累、领导批评不言悔、取得成绩不骄傲，从而保证了各项工作的高效运转。二是锤炼业务讲提高。经过近一年的学习和锻炼，在写作方面有了新的认识和进步。我利用办公室学习资料传阅或为办公室同事校稿的同时，细心学习他人长处，改掉自己不足，并虚心向领导、同事请教，在不断的学习和探索中使自己在文字材料上有所提高。办公室工作不论是办文、办事，还是进行综合文字、信息调研、督促检查，都要从实际出发，说实话，办实事。三是理顺工作讲整体。办公室是个统一整体，各项工作既有分工又紧密联系。实践证明，办公室工作无小事，每一项工作都关系到办公室工作整体功能的发挥和整体效率的实现。必须注意理顺关系，合理、科学地确定内部工作分工、任务衔接和业务联系，缩短办事流程，简化中间环节，加快工作节奏。

一年来的工作虽然取得了一定成绩，但也存在一些不足，主要是思想解放程度还不够，服务水平还不够，和有经验的同志比还有一定差距；材料上还在基本格式上徘徊，内容上缺少纵深挖掘的延伸。在今后，我一定认真总结经验，克服不足，努力把工作做得更好。

一是发扬吃苦耐劳精神。面对秘书事务杂、任务重的工作性质，不怕吃苦，勇挑重担，主动找事干，做到"眼勤、嘴勤、手勤、腿勤"，积极适应各种艰苦环境，在繁重的工作中磨炼意志，增长才干。

二是发扬孜孜不倦的进取精神。加强学习，勇于实践，不断积累，在向书本学习的同时注意收集各类信息，广泛汲取各种"营养"；同时，讲究学习方法，端正学习态度，提高学习效率。努力培养自己具有扎实的理论功底、踏实的工作作风、周密的组织能力、机智的分析能力、果敢的处事能力、广泛的社交能力。

三是发扬超越自我的精神。要打破长期形成的心理定势和思维定势，勇于发现和纠正自己工作中的缺点、错误，不断调整自己的思维方式和工作方法，分阶段提出较高的学习和工作目标，不断追求，奋发进取，以适应各项工作超常规、跳跃式发展的需要。

我的报告结束了，谢谢大家！

[范本二]厂党委办公室主任述职报告

各位领导、各位同志：

根据厂党委工作安排，我现在进行工作述职，请各位领导及同志们批评指正。

一、加强学习，不断提高自身思想业务素质

党委办公室主任作为党委的参谋助手，必须具备相当高的政策理论水平与业务水平。为了不断提高自身素质，我比较重视学习，特别是党的十六大及十六届五中全会的诸多文件精神；党中央国务院关于加强东北老工业基地改造，重振东北老工业基地雄风的相关政策；国家、省、市三级政府工作报告；伊拉克战争对世界局势以及国内能源形势的影响；我国政治、经济及社会发展的基本状况，面临的问题和解决的措施；重大突发事件如中央对抗击非典疫情的主要措施及在抗击非典疫情如何锤炼中华民族精神等诸多政策问题，都是我非常关注并反复学习、研究、探讨的问题。一年来，共剪辑各类专辑，例如企业改革、“三个代表”、“非典”专辑、人才专辑、社会经济等专辑六部十二册，积累了比较丰富的资料，自己也在学习积累的过程中得到了提高。在领导询问咨询时，能及时准确地使出相关资料及数据，为党委领导当好参谋助手。在厂党委组织的十六大精神专题学习班上，与党委各部门领导一起，为学习班作了题为《世纪初的盛会、纲领性的文献》学习辅导，在掀起学习“三个代表”重要思想新高潮活动中，先后为房产下属单位、医院、机关、维修、科技实业公司、运输部等作了专题辅导，受到了大家的肯定与好评。

二、勤奋工作，全面履行自己所担负的岗位职责

一是完成了党委各部门的综合、协调、催办等项工作。对于党委的各项决定和领导交办的工作，自己能够认真协调、积极催办。做到事事有着落，件件有回音。二是认真完成了党委文件、领导讲话等各项文字材料的起草工作。一年来，主管撰写上级领导讲话、总厂领导讲话、专题发言、工作总结汇报等文件材料×份，约×万字。在文字材料的起草撰写过程中，自己能够起早贪黑甚至通宵达旦，没有怨言，领导基本满意。党委办公室同时兼任社会治安综合治理办公室职能，这项工作关系到工厂的生产、生活稳定，责任很重。我坚持全年工作计划的起草，责任状的签订，日常与公安处办公室及各基层单位的沟通协调，坚持年中年末检查。经过全厂上下共同努力，在总公司年检中，我厂荣获“优秀达标单位”光荣称号，较好地完成了工作任务。三是与厂办、档案处一起较好地完成了保密工作。我们举办了“保密员培训班”，对优秀保密员进行了表彰，进一步细化了保密工作，并进行了年中年末保密工作检查。总公司被评为“市优秀保密工作单位”，这其中有我们××厂的贡献。四是加强处室自身建设。党办虽然只有三个人，但除了完成自身所担负的办文、办会、办事职责外，我们三人均注重业务学习，积极参加机关总支组织的各项活动，认真遵守工厂的各项规章制度与组织纪律。五是按时完成领导临时交办的工作任务。去年×月×日、×月×日、×月×日和×月×日先后四次进行了扒、装珠光砂蔻，特别是×月份的蔻，时间紧、任务重，属抢修性质。在全厂各单位的通力协作下，提前完成了任务。作为厂领导安排的现场指挥协调人员，自己连轴转，日夜工作在现场，发挥了组织协调，较好地完成了领导临时交办的工作任务。

三、加强党性修养，搞好廉政建设

党委办公室虽然不分管人、财、物，但这不等于不加强廉政建设。作为党群下属部门领导，自己注意学习党中央关于反腐倡廉

的各项规定并自觉执行。在日常工作中重要的是要管住自己的嘴,不利于团结、不利于大局的话坚决不说,以自身行为树立良好形象,争做一名合格的党员干部。

四、存在的缺点与不足

一是随着年龄的增长,自己的工作干劲没有以前足,热情没有以前高。自认为再过几年就退休了,有混和靠的思想苗头。二是工作还不够细致,管理工作还存在疏漏现象。三是深入基层,深入一线调查研究不够。这些问题自己有决心在今后的工作中加以说明改正。

谢谢大家!

[范本三]副校长述职报告

各位领导、各位老师:

本人被组织聘任为副校长,主抓中学部教育教学工作。身为业务校长,我努力学习党的教育方针,学习邓小平教育理论,尤其是潜心学习全国新课程改革理论,让全新的教育教学理念武装自己,努力提高自身教育理论素养。我在党的组织生活中,学习党建理论;在政治学习中学习党的路线、方针、政策、法规;在业务学习中,学习人文文化,加强自身政治理论、道德修养,培养高层次的道德感、责任感。

继任一年来,我以强烈的事业心、责任心,力抓教务处、政教处工作,使中学部教育教学工作运作正常。在教师外流情况严重的关头,我钟情于林区教育事业,坚持原则,出以公心,及时协同校长调配老师,建立正常教学秩序。我的出发点是一切为了学生,为了学校的生存、发展而不辍劳作。工作原则是倡导培养"勤奋苦干,善于思索,不断创新"三种优秀品质。以奖励机制为主,及时当勉励,激发老师团队精神,从而完成教育教学任务。

我严格要求各教研组将新理论学习制度化，坚持集体备课，以互动精神，接纳、吸收新知，改造更新知识结构，尽快适应新课改带来的时代需求。

一年来，重点培养教师掌握现代教育技术，从而提高新课程实施水平。于××××年上半年、下半年主抓二期计算机培训辅导班工作。头一期让任课教师通过初级 A 档考试，个别通过初级 B 档考试。第二期学习班使部分教师较娴熟地制作课件，完成计算机技术与各学科课堂教学的整合，使计算机辅助教学的作用显现出来，形成了新的有别于传统教学的模式。两期学习班，使教师运用现代教育技术手段能力大增，从而使老师参加学校和管局开展的较大规模的微型课大赛，取得令人称道的成绩。

全年教学中心工作，强调所有任课教师用新教学理念主导教学，教会学生学会做人，学会学习，全面提高学生综合素质。

每学期教研活动，各教研组都有主攻课题，并有实施方案，可行性、操作性较强。撰写数十篇教育教研论文，现已申报评审（管局级）。

注重教师考核工作。上半年考核成绩，下半年酌情修改原考核方案，使之更为公平合理。逐步建立健全了一整套较科学的教师考核、评估办法。

另外，本人是一位不离讲坛的一线教师，现任高三数学教师。我一丝不苟严谨治教，在实施新课程改革的进程中，不断探索创新之路，率先垂范，带动中学部争取更大的成绩。

谢谢大家！

第七章 倡议词

【提示】

倡议词是个人或集体向学校、社会、团体等机构提出建议并公开发起,希望共同完成某项任务或开展某项公益活动而发表的演说。它具有广泛发动群众、调动集体和大多数人团结互助、群策群力、共同奋斗的作用。

倡议词一般分为以下几部分:

1. 标题。一般为概括倡议词的内容。

2. 称呼。即倡议对象的称谓,如"在座的各位","朋友们"等。

3. 正文。这是倡议的主体部分,要说明倡议的背景、作用,倡议的主要理由,实施倡议的措施和方法等。

4. 结尾。表示倡议者的决心、希望与建议。

发表倡议演讲时,语句要朴实、简练;语气要热情、激昂、肯定有力,并充满号召力和鼓动性;速度要中速平稳,把每一个字音都清晰地送到听众耳中。

[范本一]关于环境保护的倡议词

各位老师、同学们:

爱护环境、珍惜人类生存和发展的空间是现代人必备的基本素质。江泽民同志指出:"环境意识和环境质量是衡量一个国家和民族文明程度的重要标志。"开展环境教育,提高全民族的环境意识是解决环境问题最根本、最有效的措施和手段。

爱护地球、维护生态、保护环境是每一个公民义不容辞的责任。在中学广泛开展绿色学校的创建工作，倡导绿色文明是一种新的时尚，是社会进步的体现。为进一步推进我们的环境教育工作，增强学生的环境意识，培养师生良好的环境道德和行为习惯，我校将创建绿色学校作为本学期的重点工作，为此我们倡议：

一、积极配合学校开展创建绿色学校活动，将环境教育普及、深化下去，把绿色希望带入未来的生活。

二、努力学习环保知识，切实掌握各科教材中有关环境方面的内容，并结合与环境有关的纪念日，在校内校外做好环保宣传，参与社区的环保实践和监督工作。

三、从我做起，从现在做起，从身边小事做起。提倡绿色生活，节约资源，减少污染，回收资源，绿色消费，支持环保；真正做到珍爱生命，不毁坏花草树木；不吸烟、不乱丢杂物垃圾；不用一次性碗筷、少用难降解的文具；支持学校的垃圾分类回收工作。

四、积极、认真参与校园以及居住社区，公共场所的绿化、美化、净化环境工作，清除或有意识地控制日常生活中产生的污染。

五、全面提高环境与发展意识，树立正确的环境价值观和环境道德风尚；肩负起环保责任，促进社会、经济和环境的可持续发展。

老师们、同学们，关注我们的地球家园，关心我们美丽的校园。展开绿色行动，倡导绿色文明是时代对我们提出的新要求。让我们携起手来积极投入到学校创建绿色学校的活动中去，让我们的校园永远沐浴在绿色的阳光中，让我们为社会与环境的可持续发展做出我们的贡献。

[范本二]创建学习型企业的倡议词

同志们：

2003 年 12 月 18 日，中国学习论坛首届年会在北京召开，在全社会引起了热烈反响。此次年会提出的学习型社会理论被广为传播，受到国内众多城市各行各业的关注。如今，创建学习型企业，提升企业的学习力、竞争力更是成为我们重要的课题和必然的选择。知识经济时代为竞争添注了全新的内涵，产品、质量、规模、装备水平的竞争，最终都归结到人才的竞争、学习能力的竞争。

新春伊始，我们刚刚经历了与家人欢聚的喜庆，就又以更饱满的热情投入到我们的工作中来。此时，总经理×××同志率先提出了要把××公司建设成学习型企业的号召，为我们的工作指出了方向，为我们的工作添加了动力。

提升你的综合素质和能力，促进公司高速、稳定地发展，我们需要做到：

一、树立远大理想目标，做好终身学习的准备。知识就像食品一样有自己的保质期。尤其是知识经济时代，新知识不断产生、不断变更，让人目不暇接，现有的知识再丰富，如不继续学习，或者说不及时跟上时代的步伐学习，都可能被淘汰。因此，学习是一个终生的过程，停止学习就意味着衰败。在市场竞争中，优胜劣汰是不可抗拒的自然法则，“永远挑战未知”是我们不断学习、不断创新的动力源，应该成为我们共同的座右铭。21 世纪的社会是个学习的社会，它属于懂得学习、不断学习、敢于学习的我们。

二、加强团体合作学习，提升团队智商。我们的学习应该是一种高效的学习、整体的学习。在人人自觉学习的基础上，强调组织统一管理，团队交流，通过深度沟通形成向上发展型的共识，提升团队的决策智商，将分散在我们每个人头脑中良性的、积极的知识和信息整合成巨大的知识推动力，也就是我们的企业文化力。以鼓励信息共享、团队合作、思维无边界和诚信为本为我们的文化重点，以完善的信息基础设施为平台，充分利用现代化先进的技术手段，在我们之间形成有效的思想互联，从而提升我们的整体智慧与判断力。

三、做学习的先行者，最终带动全员学习。学习是促进变革的源泉，也是我们自身发展的基础。无论是公司的决策层、管理层，还是执行层，都必须自觉地全身心投入到学习中来，让我们的企业每个细胞都活跃起来。决策层带头学习做榜样，管理层统一把握好学习的方向，执行层积极向上，互不相让，争当学习的排头兵。要在我们的企业形成一种讲学习、愿学习、比学习、会学习、促学习的良好气氛，在我们的周围树立学习为荣、终身受益的理念。

创建学习型企业，创建学习型的××，是我们的生存之本、发展之魂，也是我们每个人共同的任务。它是一项长期的系统工程，需要我们持之以恒的精神。今天，我们的学习，将促进××的发展；明天，××的发展，将让我们品尝幸福。

×年×月×日

[范本三]植树捐款倡议词

同学们：

又是一年春来到，蛰伏了一冬的你，是否想走进田间山野寻觅几许春的痕迹？是否想在这明媚的春光中舒展一下筋骨，放松一下心情？是否想同你的朋友和同学一起，到我们的××新校区亲手种下一棵代表自己的树？那就来吧，请随我们一起到××，为我们新的家园播下点点绿色，让自己收获一份希望和寄托。

身为×校的学子，×校的主人，我们都想为××新校区贡献一份力量，在和煦的春风里种下一棵饱含情谊的小树。无论你是一位同学、一个班级，还是一个大集体、一个小集体，都请来种下一棵小树苗。无论他日你离开母校多么远、你离开母校多么久，再回母校，你都能找到属于自己的一份独特的思念……

新学期伊始，在校团委的号召下，××学院团总支、学生会准备组织一次“绿色××——我为××新校区添光彩”的捐款植树活动。特此，向全校同学发出如下倡议：

一、无论你能捐出多少，我们都会记下你的名字，给你留下一份美好的回忆；

二、如果想让你的捐款有特殊的意义，我们倡议：

1.倡议校学生会、社团联合会、学生社团积极配合，踊跃捐款，种下一棵社团树；

2.倡议各兄弟院系学生会积极支持该活动，种一棵学生会的常青树；

3.倡议各班级踊跃参与，种一棵班级的团结友谊树；

4.倡议各宿舍，种一棵宿舍的友情树；

5.倡议你和你的朋友，种一棵见证树，见证你们永远不变的友谊；

6.倡议你个人栽一棵个性树，寄托自己的理想，埋下自己的愿望。

三、活动实施细则：

1.捐款采取完全自愿原则，数额不限。

2.捐款采用实名制，每一笔捐款都有详细记录，以院系为单位进行统计，最后把捐款人、数额、总计等情况，反馈至校团委、各院系团总支。

3.捐款现场设建议簿，现场征集同学们对未来小树林的命名、树种的选择及对本次活动的其他方面的建议和意见。

×年×月×日

[范本四]建设绿色校园倡议词

同学们：

又是一个光彩夺目的春天来到。春天里草木欣欣向荣、生机勃勃。在这大地回春的日子里，我们迎来了一年一度的植树节。

地球是人类惟一居住的地方，人类要在地球上安居乐业，就要爱护地球，爱护大自然。我们要爱护每一片绿叶，爱护每一棵小草，爱护每一朵鲜花。爱护地球，保护环境，绿化校园，让绿色生命激发我们热爱生活，热爱学习，珍惜青春。因此，我们作为全自治区绿色学校——××三中的一员，郑重向全校的师生们发起倡议：

让我们共同携手，让一粒粒种子花开似锦，让一棵棵小苗绿树成荫，用实际行动投入到三月的“植树，爱绿，护绿”活动中，从自己身边做起，向全社会证明，我们是高素质的一代，是真正懂得珍惜绿色爱护绿色的一代！

人在自然中生长，绿是自然的颜色。绿色是多么宝贵啊！它是生命、是希望、是快乐，让我们共同行动起来，为珍惜绿色、爱护绿色、创造绿色献出自己的一份力量吧！

老师们，同学们，绿色是大自然赠与我们人类的宝贵财富，绿色是人类文明的摇篮。人人都渴望拥有一个美好的家园，人人都希望生活在人与自然和谐发展的文明环境里。今年秋，××经济学院全体师生迁至××校区，学校各方面的建设正在有序地进行着，我们的校园环境也正在发生着全面的变化。校园环境建设是我们必须直面的问题，校园绿化程度直接作用于我们的生活环境，决定着校园生活的色彩。当然，绿色校园不只是环境绿化与垃圾处理问题，其涵义应更广更深，是一种健康向上的生活态度和生活方式。比如，严肃活泼的学术氛围，积极进取的精神风貌，无手机铃声的“绿色课堂”等。我们一致认为：环境问题已到了不能不治、不治不行的严重地步了，无论是站在国家民族的角度还是人类生存的角度，我们都应重视环境问题。创建绿色校园，不仅只是要有优美的硬件环境，更应该提高我们自身的修养和素质，这也是我们的责任和义务。人人都是护绿天使，我们要用绿色的实际行动去影响周围的人。我们倡议：保护校园环境，共建绿色校园。

1. 立即行动起来，都来关心、支持和爱护绿化，积极参与校园绿化建设和管理。

2.爱护花草树木设施，对破坏绿化设施的行为要敢于制止并举报。

3.养成良好卫生习惯，不随意乱扔瓜皮果壳、烟头，不随地吐痰。

4.不使用污染环境的产品，特别是要不使用一次性碗筷。

5.树立和倡导绿色文明意识，积极参加校园爱绿护绿行动。

6.勤俭节约，珍惜校园内的各种资源。

7.上课将通信工具调节成无声状态，共同营造绿色文明课堂。

8.师生和谐，同学友好，语言文明，行为规范。

老师们，同学们，为了美化我们的校园环境，共建绿色校园，让我们行动起来，将绿色作为我们生活的主旋律，用爱心去关注环境的变化，用热情去传播环保的理念，用行动肩负起环保的重任。

×年×月×日

第八章　鼓动演讲

【提示】

鼓动演讲是指以热情洋溢的语言把听众的情绪鼓动起来，使之向着既定的目标而奋斗的演讲。演讲者往往应用震撼人心的有声语言和无声动作，使听众产生共鸣并赞同、接受其观点，进而使听众产生一定的行动。鼓动演讲的最大作用是开启理智、陶冶情操、激励斗志。

鼓动演讲的格式一般是：

1. 称呼：即对鼓动对象的称谓，常常在称谓前加一些修饰语和限制语。

2. 正文：写明集会鼓动的原因、目的，行使某种工作和某项活动的方法、程序和有关细节，请求鼓动对象行动起来，投入工作。

3. 结尾：对鼓动对象的希望和感谢。

鼓动演讲广泛运用于各种动员、社交活动等场合。这类演讲切忌以势压人。首先，演讲者要把自己与听众摆在同一位置，从年龄、言语、情感、生活环境、文化背景、社会阅历、兴趣爱好等方面寻求共同点，达到心理相容。在表达方面，语言要通俗，句式要简短，以叙事方法为主，适时适度抒情和议论。叙事时尽量用短句、散句，灵活自如；抒情议论时可加强语气，采用排比、对偶、整句等修辞方式。叙事时语调要低缓平静；抒情与议论时要高亢快捷。

[范本一]丘吉尔在美国度圣诞节的即席演讲

各位为自由而奋斗的劳动者和将士：

我的朋友，伟大而卓越的罗斯福总统，刚才已经发表过圣诞节前夕的演说，已经向全美国的家庭致友爱的献词。我现在能追随骥尾讲几句话，内心感觉无限的荣幸。

我今天虽然远离家庭和祖国，在这里过节，但我一点也没有异乡的感觉。我不知道，这是由于本人的母系血统和你们相同，抑或是由于本人多年来在此所得的友谊，抑或是由于这两个文字相同，信仰相同，理想相同的国家，在共同奋斗中所产生出来的同志感觉，抑或是由于上述几种关系的综合。总之我在美国的政治中心地——华盛顿过节，完全不感到自己是一个异乡之客。我和各位之间，本来就有手足之情，再加上各位欢迎的盛意，我觉得很应该和各位共坐炉边，同享这圣诞之乐。

但今年的圣诞前夕，却是一个奇异的圣诞前夕。因为整个世界都卷入了一场生死的搏斗中，正在使用科学所能设计的恐怖武器来互相屠杀。假若我们不是深信自己对于别国领土和财富没有贪图的恶念，没有攫取物资的野心，没有卑鄙的念头，那么我们在今年的圣诞节中，一定很难过。

战争的狂潮虽然在各地奔腾，使我们心惊肉跳，但在今天，每一个家庭都在宁静的肃穆的空气里过节。今天晚上，我们可以暂时把恐惧的忧虑的心情抛开、忘记，而为那些可爱的孩子们布置一个快乐的晚会。全世界说英语的家庭，今晚都应该变成光明的和平的小天地，使孩子们尽情享受这个良宵，使他们因为得到父母的恩物而高兴，同时使我们自己也能享受这种无牵无挂的乐趣，然后我们担起明年艰苦的任务，以各种的代价，使我们的孩子所应继承的产业，不致被人剥夺；使他们在文明世界中所应的自由生活，不致被人破坏。因此，在上帝庇佑之下，我谨祝各位圣诞快乐。

[范本二]马丁·路德·金:我有一个梦想

先生们、女士们、我的同胞们:

100年前,一位伟大的美国人——今天我们就站在他象征性的身影下——签署了《解放宣言》。这项重要法令的颁布,对于千百万灼烤于非正义残焰中的黑奴,犹如带来希望之光的硕大灯塔,恰似结束漫漫长夜禁锢的欢畅黎明。

然而,100年后,黑人依然没有获得自由。100年后,黑人依然悲惨地蹒跚于种族隔离和种族歧视的枷锁之下。100年后,黑人依然生活在物质繁荣的贫困孤岛上。100年后,黑人依然在美国社会中间向隅而泣,依然感到自己在国土家园中流离漂泊。所以,我们今天来到这里,要把这骇人听闻的情况公诸于众。

从某种意义上说,我们来到国家的首都是为了兑现一张支票。我们共和国的缔造者在拟写宪法和独立宣言的辉煌篇章时,就签署了一张每一个美国人都能继承的期票。这张期票向所有人承诺——不论白人还是黑人——都享有不可让渡的生存权、自由权和追求幸福权。

然而,今天美国显然对她的有色公民拖欠着这张期票。美国没有承兑这笔神圣的债务,而是开始给黑人一张空头支票——一张盖着"资金不足"的印戳被退回的支票。但是,我们决不相信正义的银行会破产。我们决不相信这个国家巨大的机会宝库会资金不足。

因此,我们来兑现这张支票。这张支票将给我们以宝贵的自由和正义的保障。

我们来到这块圣地还为了提醒美国:现在正是万分紧急的时刻。现在不是从容不迫悠然行事或服用渐进主义镇静剂的时候。现在是实现民主诺言的时候。现在是走出幽暗荒凉的种族隔离深谷，踏上种族平等的阳关大道的时候。现在是使我们国家走出种族不平等的流沙，踏上充满手足之情的磐石的时候。现在是使上帝所有孩子真正享有公正的时候。

忽视这一时刻的紧迫性，对于国家将会是致命的。自由平等的朗朗秋日不到来，黑人顺情合理哀怨的酷暑就不会过去。1963年不是一个结束，而是一个开端。

如果国家依然我行我素，那些希望黑人只需出出气就会心满意足的人将大失所望。在黑人得到公民权之前，美国既不会安宁，也不会平静。反抗的旋风将继续震撼我们国家的基石，直至光辉灿烂的正义之日来临。

有一些话我必须要说，在我们争取合法地位的过程中，切不要错误行事导致犯罪。我们切不要吞饮仇恨辛酸的苦酒，来解除对于自由的饥渴。

我们应该永远得体地、纪律严明地进行斗争。我们不能容许我们富有创造性的抗议沦为暴力行动。我们应该不断升华到用灵魂力量对付肉体力量的崇高境界。

席卷黑人社会的新的奇迹般的战斗精神，不应导致我们对所有白人的不信任——因为许多白人兄弟已经认识到：他们的命运同我们的命运紧密相连，他们的自由同我们的自由休戚相关。他们今天来到这里参加集会就是证明。

我们不能单独行动。当我们行动时，我们必须保证勇往直前。我们不能后退。有人问热心民权运动的人："你们什么时候会感到满意？"只要黑人依然是不堪形容的警察暴行恐怖的牺牲品，我们就决不会满意。只要我们在旅途劳顿后，却被公路旁的汽车旅馆和城市旅馆拒之门外，我们就决不会满意。只要黑人的基本活动范围只限于从狭小的黑人居住区到较大的黑人居住区，我们就决不会满意。只要我们的孩子被"仅供白人"的牌子剥夺个性，损毁尊严，我们就决不会满意。只要密西西比州的黑人不能参加选举，纽约州的黑人认为他们与选举毫不相干，我们就决不会满意。不，不，我们不会满意，直至公正似水奔流，正义如泉喷涌。

我并非没有注意到你们有些人历尽艰难困苦来到这里。你们有些人刚刚走出狭小的牢房。有些人来自因追求自由而遭受迫害风暴袭击和警察暴虐狂飙摧残的地区。你们饱经风霜，历尽苦难。继续努力吧，要相信：无辜受苦终得拯救。

回到密西西比去吧；回到亚拉巴马去吧；回到南卡罗来纳去吧；回到佐治亚去吧；回到路易斯安那去吧；回到我们北方城市中的贫民窟和黑人居住区去吧。要知道，这种情况能够而且将会改变。我们切不要在绝望的深渊里沉沦。

朋友们，今天我要对你们说，尽管眼下困难重重，但我依然怀有一个梦。这个梦深深植根于美国梦之中。

我梦想有一天，这个国家将会奋起，实现其立国信条的真谛："我们认为这些真理不言而喻：人人生而平等。"

我梦想有一天，在佐治亚州的红色山岗上，昔日奴隶的儿子能够同昔日奴隶主的儿子同席而坐，亲如手足。

我梦想有一天，甚至连密西西比州——一个非正义和压迫的热浪逼人的荒漠之州，也会改造成为自由和公正的青青绿洲。

我梦想有一天，我的四个小女儿将生活在一个不是以皮肤的颜色，而是以品格的优劣作为评判标准的国家里。

我今天怀有一个梦。

我梦想有一天，亚拉巴马州会有所改变——尽管该州州长现在仍滔滔不绝地说什么要对联邦法令提出异议和拒绝执行——在那里，黑人儿童能够和白人儿童兄弟姐妹般地携手并行。

我今天怀有一个梦。

我梦想有一天，深谷弥合，高山夷平，歧路化坦途，曲径成通衢，上帝的光华再现，普天下生灵共谒。

这是我们的希望。这是我将带回南方去的信念。有了这个信念，我们就能绝望之山开采出希望之石。有了这个信念，我们就能把这个国家的嘈杂刺耳的争吵声，变为充满手足之情的悦耳交响曲。有了这个信念，我们就能一同工作，一同祈祷，一同斗争，一同入狱，一同维护自由，因为我们知道，我们终有一天会获得自由。

从到了这一天，上帝的所有孩子都能以新的含义高唱这首歌：

我的祖国，

可爱的自由之邦，

我为您歌唱。

这是我祖先终老的地方，

这是早期移民自豪的地方，

让自由之声，

响彻每一座山岗。

如果美国要成为伟大的国家，这一点必须实现。因此，让自由之声响彻新罕布什尔州的巍峨高峰！

让自由之声响彻纽约州的崇山峻岭！

让自由之声响彻宾夕法尼亚州的阿勒格尼高峰！

让自由之声响彻科罗拉多州冰雪皑皑的洛基山！

让自由之声响彻加利福尼亚州的婀娜群峰！

不，不仅如此；让自由之声响彻佐治亚州的石山！

让自由之声响彻田纳西州的望山！

让自由之声响彻密西西比州的一座座山峰，一个个土丘！

让自由之声响彻每一个山岗！

当我们让自由之声轰响，当我们让自由之声响彻每一个大村小庄，每一个州府城镇，我们就能加速这一天的到来。那时，上帝的所有孩子，黑人和白人，犹太教徒和非犹太教徒，耶稣教徒和天主教徒，将能携手同唱那首古老的黑人灵歌：“终于自由了！终于自由了！感谢全能的上帝，我们终于自由了！”

[范本三]辅导员的鼓动演说

同学们：

首先，我祝贺你们以优异的成绩考取这所大学！领导决定让我做这个班的辅导员。我欣然接受了。也许我不能胜任，但是我相信我一定能成为大家的知心朋友和称心的服务员。

今天，是我们学院开学的第一天，我们要做点什么呢？常言道：鸟无头不飞，人无头不走。我们今天的任务是组建班委会。开学前，我翻阅了大家的档案，想按照惯例指定几个班干部。但我很失望，因为你们档案上的鉴定都很好，也很相似，大体都是那几句话，所以根本看不出谁有突出的领导才能。我又想指定几个分高的同学当干部，但也感到不妥，因为分高者未必高能，尤其是领导能力。经过再三思考，我决定采取“毛遂自荐、演说答辩、民主选举、宣誓就职”的方法选拔干部。

事先，我不定框框，在座的每一位同学都可以站出来，面对大家发表即席演说。演说后再对我和同学们提出的问题进行答辩。全部竞选者演讲、答辩完之后，进行无记名投票，当选者立即宣誓就职。同学们，当“学生官”一不拿工资，二不领奖金，耽误时间，耗费精力，纯粹是白尽义务，是个费力不讨好的苦差事。所以，不论是谁，只要你勇于自荐，就是选不上也是光荣的，说明你乐于为大家服务。也许有的同学对自荐者看不惯，认为这是自我表现。是的，毛遂自荐是“自我表现”，那么，沉默不语就不是“自我表现”吗？我说，这同样是一种“自我表现”，只不过是“表现形式”不同罢了。谁对毛遂自荐看不惯，说明谁还昏睡在封闭、保守、愚昧的王国里，应该猛醒了。

同学们，古往今来，凡成大器者，无不具备德、才、胆、识。“德、才、识”在这里我不想谈了，主要谈这个“胆”。从平凡走向伟大的第一步，往往是靠胆量——勇敢。而真正的勇敢往往不在于战胜别人，而在于战胜自己。

战胜自己的偏见和怯懦。假如你能马上战胜自我的话，几分钟乃至一分钟以后的你，将成为崭新的你！

同学们，勇敢些，挺身而出吧！

第九章 教育学术演讲

【提示】

学术演讲是指科学研究工作者或社会实践工作者就科学领域中的某种问题，向听众介绍科研成果、传授科学知识和学术见解、开展学术讨论的专题性演讲。学术演讲一般分为学术报告、学术争鸣与论文答辩三种类型。其最大特点是科学性、创造性、准确性、多样性。

学术演讲由于其内容丰富多彩，写作格式没有固定的框架。下面的行文格式可供参考。

1. 开场白：简洁亲切，准确切题。营造良好的氛围，吸引听众的注意力。

2. 主体部分：突出重点，条理清楚，逻辑严谨。

3. 结尾部分：学术演讲的结尾可以采用以下三种方式：一是总体概括上述观点，引出中心论点；二是照应开头，进一步深化中心论点；三是灵活自如，视具体情况巧妙作结。

进行学术演讲时，演讲者要谦虚谨慎，真诚坦率，实事求是，不可盛气凌人，以专家学者自居。语气要平和，速度要均匀。在言语结构方面，力求简洁，由易到难，由已知到未知，由简单到复杂，由具体到抽象。尽量变长句为短句，变复句为单句，做到通俗易懂，深入浅出。可以适当借助于多种辅助手段，如挂图、实物、幻灯、录音、投影、演示等，以增强直观性，加强演讲效果，但要恰到好处，不可喧宾夺主。

[范本一]比尔·盖茨在清华大学颁发名誉博士学位证书典礼上的演讲

尊敬的顾校长,清华大学的老师、同学们:

获得清华大学这所世界一流大学的名誉博士学位,让我感到非常荣幸。清华是一所有着百年历史的名校,这里诞生了很多杰出的科学家、商业和政治领袖。

我上一次访问清华是在 1997 年。当时,中国学生的才华、热情和创造性给我留下了很深的印象。之后,我决定在中国设立微软亚洲研究院。在沈向洋博士的领导下,在清华等大学优秀毕业生的协助下,微软亚洲研究院取得了成功,为微软公司做出了巨大贡献。在各种国际会议上都可以见到他们的身影。他们也为微软的新产品如 Windows Vista 的诞生,付出了辛勤的努力。在计算机科学迅速发展的今天,身为清华的学生是件激动人心的事。

我们才刚刚开始接触到软件魔法带来的奇妙体验。全世界有十亿计算机用户,他们才刚刚开始分享信息。随着半导体、光纤技术的发展,软件可以做更多的事情。

今天的电视还是被动的,在未来,你可以从因特网下载节目,电视将能和人交流、互动。

昨天我参观了中国农科院稻米研究所,看到那里的技术人员开始用软件来区分不同的稻米,为其排序,以后还可以通过软件的分析计算,用较少的农药培育出高产量的优良品种;医学界已经开始用软件来管理数据库;今天的手机已经成为我们的“数字钱包”,可以显示地图,上网查找信息,未来它还将可以和人交流;平板电脑的出现,使得在教室可以无线上网,用电脑录音、识别手写的文字。这样,学生无需课本就能实现更有效的学习,老师也可以看到世界各地的优秀教案。

当然，软件的未来还面临很多挑战，比如：如何使用户更容易掌握？如何实现人工智能？但不管怎样，就计算机科学而言，我们所处的都是最激动人心的时代。

中国正在快速发展，对世界经济、科技创新正在做出越来越大的贡献。微软公司愿意帮助中国公司的成长，帮助所有的中国公民享受到计算机科学进步所带来的成果：微软已经开展项目，帮助中国的进城务工人员、残疾人尤其是盲人享受科技成果；微软已经捐资设立了五所希望小学和五所网上希望小学；微软也同中国政府及大学合作，设立了很多学术交流项目，鼓励优秀外国专家来华讲学；有来自 39 所亚太地区大学的超过 2000 名学生曾在微软亚洲研究院实习，并有 120 人获得了研究资助，其中清华所占学生人数最多；本学年，微软亚洲研究院的研究人员将在清华开设一门课程："计算机研究的热门领域"。

我还想借此机会宣布，微软公司将在清华设立"杰出访问学者"项目。在该项目下，微软亚洲研究院每年将邀请一位世界知名的计算机专家到姚期智教授领导的理论计算机科学研究所讲学。第一位获邀来访的是美国麻省理工大学的弗朗斯·凯斯霍德教授。

总之，我今天非常高兴来到贵校，并在接受我的母校哈佛大学颁给我名誉博士学位之前就成为清华的名誉博士。

刚才，我和大家分享了软件领域在未来可能出现的一些突破，以及它们会给企业带来的机会、为残疾人和学生提供的帮助。我希望大家都能像我一样乐观：只要可以上网，就能获得平等的受教育机会。

微软公司对于中国市场的专注是长期的。我们对于以学术严谨闻名的清华大学有着很高的期望。让我们携手努力，共创信息技术未来的辉煌！

谢谢大家。

[范本二]我心目中的法制办文化

同志们,朋友们:

谈到法制办文化,我想大家首先不能回避这样一个问题,那就是什么是文化?对于这个问题,大家心里可能各有各的回答,但是要完整清晰地把它表述出来,却又是一件极为棘手的工作。就像古罗马神学大师圣·奥古斯丁关于时间的那个著名说法那样,他说:“什么是时间?若无人问我,我便知道;若要我解释,我便不知道。”时间很难定义,文化也是如此。至今为止,古今中外的学者们尚没有得出一个权威的论断。尽管很难给文化下一个定义,但这却不妨碍我们讨论法制办的文化建设。因为我们时时刻刻生活在一个充满文化的氛围里,尽管我们不能明白无误地把它表达出来,但却能够心领神会,实实在在地感受到它的存在。既然文化这个事物只可意会,不可言传,那么我们也就没有必要在这个问题上纠缠不休。相对于文化来说,法制办文化可能要简单一些,这里结合个人的思考,谈谈我对法制办文化建设的一点看法。

一、什么是法制办文化

法制办是负责政府法制工作的行政机关,因而法制办文化就是法制办的机关文化。这种文化就是与法制工作紧密结合,是法制办机关及工作人员在从事政府法制工作的长期实践中逐渐形成的,具有自身特色的并为多数成员共同遵守的基本信念、价值标准、行为规范、管理制度,以及群体意识、精神风貌、形象标识等的统称。从内在逻辑层次上分析,法制办文化的构成可分为三个层次:一是物化环境层的物质文化,即法制办的办公机构、办公环境和办公设施以及各种具体的文化活动等。二是制度行为层的制度与行为文化,即法制办的规章制度、工作守则以及工作人员的行为等。三是观念形态层的观念与精神文化,即法制办人员所共同享有的价值观念、道德规范、行为模式、人际关系、集体舆论以及各种认同的文化意识。

二、建设法制办文化的目的和目标

法制办文化建设的首要目的是提炼法制办共同体的核心价值观，使自控、自律的观念深入每个人的内心，使之融化在每个人的血液中，从而凝聚整个团体的创造力和战斗力，达到个人的自我控制、自我管理、自我发展的目的。价值观的提炼以法制办的使命为根本出发点，它来源于法制办职能，并在相关法律、法规及职责中得以集中体现。法制办文化建设的第二个目的，就是要创造一个良好、和谐的工作氛围，塑造机关的整体形象，提高职工的综合素质，创造一流的队伍。法制办文化建设的第三个目的，就是最大限度地满足机关干部的内在和外在需求，使他们有兴趣、有发展、有成就感，使他们认识到所从事的工作有意义，有挑战性，有奋斗的价值。

通过以上对法制文化建设目的的分析，法制文化建设的目标就应该是：培养塑造优秀的机关工作人员，全面提升法制办整体形象，营造良好的工作氛围，开创工作新局面。其中，机关工作人员素质和能力的不断提升，是文化建设的核心内容：就是要充分挖掘人的潜能，发挥人的才智，激发人的热情，培养职业道德和价值观念，建立一支头脑敏锐、业务熟练、作风优良的机关干部队伍。

三、如何合理建设法制办文化

法制办文化的三个层面不是孤立存在的。法制办文化的核心是观念与精神层面的文化，它是法制办文化的深层结构要素，集中反映和体现了法制办的本质和个性。观念与精神层面的文化建设是对物质制度建设的有力的支撑和补充，是对物质制度建设的舆论宣传和人文素质的保障，没有观念与精神文化建设也就不会使制度得到彻底落实。而物质制度层面则是法制办的工作传统、价值观念等的一种反映形式，但它也反作用于观念精神形态层，以其强制和非强制的力量，保证、维护着工作人员文化意识的认同，约束着每个集体成员的心理意识和行为模式。就法制办工作人员个体来说，其世界观、人生观和自我意识等深层观念形态的形成，除了一定的生理因素外，离不开制度、物质层提供的约束机制和教育性环境。没有健全、完善的物质制度作基础，观念精神文化建设就不会有生命力。因此，法制办文化的三个层面是相互依存相互作用的。建设法制办文化，必须顾及到三个层面的整体需要，不能顾此失彼，也不能平均用力，要实现法制办文化三个层面的有机协调和平衡发展。

法制办文化建设是一个系统工程。以往我们的文化建设注重于物质制度层面的东西多一些，而较少关注观念精神层面的文化建设。物质制度建设复杂、繁琐、硬性强制成分多，难以解决人的主观能动性问题，因而很多人没有了工作激情，工作依靠的是制度管理和基本物质需求的满足。因此，过分依赖物质制度会产生一定的消极后果：一是制度化程度高意味着人的自主权较小，满意度降低；二是过分的制度化容易产生官僚作风和文牍主义，会抑制创新；三是无法应对变化的外部环境。这就带来了这样一种后果：制度在创新和发展，而许多人的思想并没有真正在发展，思想意识仍然止步不前，对新事物产生排斥感，文化建设的认同感和参与感不强，工作陷于一种应付状态。这些都说明精神文化的缺失导致内聚力的缺失。而精神文化更加关心人的思想、价值取向和成就感，贴近人的成长需要和物质需求，关心人、理解人、激励人，能够发挥人的潜质和创造性，达到由“它律”到“自律”、由“它治”到“自治”的理想境界，就像春雨一样，随风潜入夜，细细无声地滋润着人的心灵。因此，我认为，现阶段有必要以发展观念形态层的观念与精神文化为主，为此需要着重培养树立以下几个理念：

一是主体意识和参与意识。即明确认识到自己是法制办不可分割的一分子，是一个拥有独立意识和独立地位的主体，是法制办政治生活和公共生活的主体，而不是无足轻重的客体。作为法制办的组成部分，参与是体现每个人价值的重要途径，参与既是自己的权利，也是自己的义务。通过参与法制办的政治和公共生活，发表意见，提出合理建议，防止物化制度的异化。

二是权利和义务意识。权利意识即要意识到自己作为主体所应该享有的权利。也即清晰地懂得权利的正当性、可行性、界限性，在法定范围内主张和行使自己的权利，勇敢地捍卫自己的权利，同时对他人的合法权利给与同等的尊重和维护。义务意识即要意识到对自己对他人、集体、社会、国家负有义务和责任。也即一方面要承担起法定义务和道德义务，尽可能地为他人、集体、社会、国家做出自己的贡献；另一方面要对自己的行为负责，不逃避和推卸由于自己的过错而应该承担的法律责任和道德责任。

三是宽容态度和理性精神。宽容即要承认别人有权利选择与自己不同的行为方式和生活方式，发表不同的见解，只要没有违背社会公德、法律法规，无害社会公共利益，就应该对那些与自己不同的价值观念和生活方式等给与充分的理解，以促成宽松、和谐、进步的社会环境和精神家园。没有宽容，就没有民主，讲民主必须要求宽容。理性精神也就是科学精神，理性是针对非理性和超理性的。具有理性精神的人在利益平衡和价值选择以及重大事件面前，能够从实际出发，从人民利益出发，不跟着感觉走，不空想幻想，更不被个人情绪和偏见所左右。

四是团队理念和敬业进取理念。讲团队理念或团队精神，一是要鼓励人的个性发展。团队不排斥个性的培养，要求每个人都要有较高的个体素质，比如沟通能力、主动意识、敬业精神、宽容与合作的品质和全局观念等，都应作为团队理念或团队精神加以培养，使每一个成员都能既彰显个性又融入集体。二是在承认个性差异的同时，要充分考虑有效合作的问题。一个单位需要大家协作。在现实工作中，每个人要有效发挥作用，都需要人们之间的相互配合。三是在组织团队时，要充分考虑成员的互补性。优化机关人力资源配置，做到扬长避短、优势互补、各得其所。岗位之间合拍，人员之间默契，团队之间协调，和谐就有了依托和根基。敬业是事业发展的前提，进取是创造业绩的动力。一个积极进取的民族才能充满活力、蒸蒸日上，一个积极进取的单位才能不断发展、不断创新，一个积极进取的个人才能永不满足、不断进步。只有在进取中才能实现国家、单位和个人利益的最大化。进取需要勤奋，需要奋斗，甚至做出牺牲。敬业进取需要保持一个良好的心态。一个人或一个团体无论是在顺利时，还是在逆境之中，都要有一种坚韧不拔、奋发进取、乐观豁达的精神状态，这是事业取得成功的重要保证。

四、建设法制办文化的几点具体建议

法制办文化的建设应重在解决实际问题。文化建设的过程就是发现自身问题、解决自身问题的过程。在建设法治国家、和谐社会的今天，我们要从思想理念上主动调整不适合时代、形势的东西，以切实的行动打造法制办文化。

一是法制办文化建设应坚持走群众路线。按照以人为本的理念要求，根据机关工作人员的实际情况确定法制办文化的理念和目标。通过从群众中来，到群众中去，最终确立法制办的共同价值观和行为准则。

二是坚持以人为本的思想，努力营造尊重人、理解人、教育人、提高人的良好氛围。大力培养团队精神，激发工作人员的集体荣誉感和归属感，不断增强其自我管理、自我完善、自我发展、自我提高的意识。

三是倡导学习，尊重知识。我们处在知识爆炸时代，只有与时俱进，在学习中工作、在工作中学习，才能不断适应外部环境变化，适应新时代的生存方式。法制办文化建设首先是个人的文化建设，要不断完善学习、教育和培训机制，增强学习氛围，为培养造就大批的法制人才提供成长和发展的广阔空间。

四是加强法制办机关形象建设，形成规范统一的机关形象。形象建设是提高机关凝聚力和社会声誉的重要途径，它体现在机关硬件建设、办公秩序和工作人员的精神面貌之中。首先，机关外部环境应井然有序，管理规范，环境卫生整洁；机关办公秩序严谨协调，文件资料摆放有序，办公设备性能良好，人员衣着整洁、言行文明。其次，要积极开展丰富多彩、健康向上的文体活动，通过这些活动，营造出浓厚的文化气息，使大家不仅有热情、文明的外在形象，而且有内在素养，有文化、有品位。

［范本三］当前网吧管理存在的问题和对策

各位领导，同志们：

当网络已被人们所熟悉和使用时，特别是人们可以从网上很快地了解到现实世界正在发生的某个事件时，人们可能认为它展现给我们的世界是一个“比真实还要真实”的世界。但事实真是这样的吗？通过对互联网特性的深入研究后我们认为，不管网络反映的事情有多真实，它归根结底也只是一个“虚拟现实”而已。网络是一种工具，并不是社会实境，但是人们往往以为它就是一种社会实境。近几年来，自从网吧出现后，一直是社会关注的热点、焦点问题。“网吧不好管”是各地公安机关的共同感受。“不好管”的因素有很多：主观上，网吧自身没有很强的自律意识、品牌意识，行业经营没有形成一种自发上进的氛围；网监部门力量有限，突击式、点对点式的检查很难形成较大的管理声势，且检查的周期长，使很多网吧存在投机心理。客观上，网吧是个新兴事物，我国法律对此并没有经验可循，而国外的许多情况又与我国国情不同，不能生搬硬套地移植过来。当前，不仅网吧业自身的发展正在受市场的分化和陶炼，政府管理部门也处于不断探索的过程中。这几年国务院及有关部委频频发布和修改关于网吧管理的行政法规和规章，也表现出在“摸索中前进”的特征。同时，网吧管理涉及政府多个行政管理部门，各部门之间各司其职，很难形成合力。在这里，我试从分析当前互联网网吧等上网服务营业场所存在的问题和原因，探索今后加强网吧等互联网上网服务营业场所安全管理的渠道和方法。

一、网吧安全管理存在的问题

1.存在消防安全隐患。虽然几乎每个网吧都标有安全出口字样，但大多形同虚设。有的安全出口完全被堵死或上锁，部分场所的疏散门设置为侧拉门；有的则除了入口以外，根本没有其他安全出口。场内的消防器材设置、维护保养不到位，从业人员普遍缺乏消防常识。还有一些网吧的前身是“三厅一台”场所，其空间相对拥挤，加上网吧内吸烟问题严重，安全隐患十分突出。

2.技术防范措施使用不到位。有些业主缺乏必要的专业技术，没能坚持按公安、文化等部门规定的标准，安装、使用防火软件和防范措施，致使网吧内上网者可以随意浏览一些不健康信息；有的业主为了方便顾客尤其是未成年人上网，甚至擅自停止实施安全技术措施。

3.网吧业主、安全管理人员法律意识淡薄。不少网吧经营业主、安全管理人员法律知识和网络安全意识淡薄，在实际经营中只顾经济效益，不顾社会影响，疏于管理，即使吧台对前来上网人员进行简单登记，也主要是为了收费的需要。未按规定如实核对、登记上网消费者的有效身份证件，不同程度存在使用临时卡和公用卡现象；少数网吧安全管理员未能履行自身职责，存在着脱岗现象，很少进行巡查，对上网人员的网上行为放任自流。有关部门在日常监管中也存在权限交叉、职责不清的现象，给违法经营者以可乘之机。

4.违规接纳未成年人现象严重，放任青少年超时消费。调查表明，大部分的青少年反映，到网吧上网，业主从未问过自己的年龄，即使通宵达旦上网，业主也从不劝阻。有的业主为牟取利益，甚至还在网吧内出售各类烟、酒、饮料和小食品，推行“吃喝玩睡一条龙服务”；为上网者供应食品、饮料、零食和提供通宵包位（可上网可睡觉）等服务项目，使网迷可以整日整夜乐不思返。

二、问题产生的主要原因

1.年龄差距使人们对互联网络的认识存在分歧。由于成年人接受和掌握网络新技术的意识和能力普遍不如青少年，这在网络问题的处理上，管理者或者家长往往存在“放纵”或“保守”两种倾向，这与青少年的实际需求不相和谐。

2.利益驱使网吧经营业户违规经营。目前网吧经营竞争激烈，致使一些业主出于赢利目的，不顾法律和道德的约束，投青少年好奇心，专搞不正当竞争。

3.对网络的监管不够规范有序，防范措施和监管制度滞后于网络技术的发展，执法力度不够。目前，通信、公安、文化和工商在对网吧的管理上，还不够协调一致。公安机关强调在合法网吧安装安全管理软件，实行“一卡通”实名制上网，以高科技手段强化日常监督管理，而文化部门却要求网吧业主使用登记簿，造成网吧业主在落实安全措施和制度上的随意性，给公安机关在日常安全监督管理和执法上造成一定的难度。另一方面，由于网监部门力量相对薄弱，对于违规经营的网吧无法及时予以查处，很难形成强大的管理声势，使这些违规经营网吧业主存有侥幸和投机心理，致使网吧等互联网上网服务营业场所违规经营屡禁不止。

4.青少年自我保护意识和防范侵害的能力相对薄弱。这是造成大量青少年容易遭受“网络垃圾”侵害，难以逃脱诱惑的重要原因。

5.适合青少年身心特点的健康网络阵地尚未占主导地位。目前开设的青少年专门网站，由于经费、人员、技术和体制的限制，其内容、形式等方面还与青少年实际需求存在差距，加之宣传和引导不够，尚不能真正发挥主导作用。

三、加强管理的对策措施

1. 以抓上网人员实名登记和安全管理软件在线率为重点，推进各项安全管理制度的落实。上网人员实名登记是网吧各项安全管理制度的重要一环，把住了实名登记这个“人关口”，一方面可有效杜绝未成年人上网；另一方面可以使网吧内发生的各类案件等查有实据，“过滤”掉网吧中的一些不安全因素。同时，要使网吧日常监督检查工作程序日益规范化、制度化，对检查中发现的上网人员登记出现漏登、错登，日志保存、安全管理制度不落实，内部管理不规范等问题，要做到早发现、早控制、早查处，及时予以整改，确保网吧等互联网上网服务营业场所的安全管理，尤其是实名登记制度进一步落实到位。

2. 齐抓共管，形成合力，共同搞好网吧管理。网吧管理工作涉及文化、工商、公安等政府各部门，要确保网吧管理取得实效，必须整合各部门工作力量，实现齐抓共管局面；要加紧部门间协调配合，运用法律、经济和市场的手段，扶持一批规模较大、管理规范的网吧，坚决取缔那些无照经营、违法经营、侵害青少年身心健康的非法网吧；要公布一批监督电话，聘请一批社会监督员，对群众举报、考核问题严重的网吧，严加治理；要加大日常管理、监督、检查和对违规违法行为惩处的力度，尤其对未经批准的黑网吧，更要加大打击力度。

3. 建立健全网吧等互联网上网服务营业场所管理长效机制。一是建立健全网吧安全员培训制度。定期组织对网络监察民警和计算机安全员进行岗位业务培训，进一步提高他们的法律知识和计算机网络安全意识，加强网吧安全管理水平。二是建立监督检查制度。定期不定期对网吧进行安全管理检查，重点检查不按规定登记上网消费者的有效身份证件和未按规定时间保存登记内容、记录备份，擅自停止实施安全技术措施等问题的网吧。三是建立安全防范制度。加强网吧安全管理和监控工作，督促网吧正确安装使用“过滤王”网吧安全管理软件、网络版杀毒软件，对“过滤王”网吧安全管理软件进行升级，全面落实“一卡通”上网实名登记制度。四是建立治安管理责任制度。与网吧业主、安全员签订治安管理责任状，建立工作联络关系，收集上报网吧等互联网上网服务营业场所治安动态情报信息，做到对违法犯罪行为早发现、早控制、早查处。及时发现和抓获违法犯罪人员，为公安机关现实斗争服务。五是严格网吧审批审核制度。按照上级机关的具体要求，从严把关，认真审核，对存在问题的网吧认真落实整改措施，未达到要求不予呈报。六是建立警务公开、群众监督制度。通过建立公共信息网络安全监察网站，宣传有关计算机网络安全法律法规、条例、网络安全知识、网安动态、网吧管理以及公布病毒疫情等。公开公安机关网吧管理、审批制度、办理规程和违反计算机网络安全管理案件的处罚依据、结果，实行警务公开。定期通过新闻媒体开展宣传报道，将不同时期网吧安全存在的突出问题和专项整治工作向社会公开，公布举报电话和电子邮箱。广泛发动人民群众对网吧等互联网上网服务营业场所违法违规行为进行举报，及时曝光典型案例，形成人人参与网吧治理的良好氛围。七是建立上网卡管理制度。加强对网吧“一卡通”实名制 ID 卡管理和监督检查，加大对网吧使用公用卡、临时卡的处罚力度。

4. 实行网管警务公开，提高公安机关网络安全监察工作透明度。通过新闻媒体和网站，向社会宣传网吧等互联网上网场所服务营业网络安全管理工作的重要性、必要性和紧迫性。公开公安机关网吧管理的制度、流程，和处罚依据、结果，实行警务公开。公布举报电话和电子邮箱，广泛发动群众对网吧等互联网上网服务营业场所违法违规行为进行举报。

5. 加强对青少年的教育，提高自我约束、自我保护能力。通过各种媒体力量，宣传网络的积极作用，增强青少年明辨是非的能力；通过介绍和推荐适合青少年浏览的健康网站，开辟主体聊天室、现身说法等形式，让青少年深刻了解沉溺网络和在不健康网吧上网的危害。注重增强青少年的自律意识，教育青少年不沉浸于网上聊天、游戏等虚拟世界；不浏览、制作、转播不健康信息；不使用侮辱、谩骂语言聊天；教育青少年自觉遵守互联网道德规范，自觉抵制不良网络信息的侵蚀。

第十章 推销演讲

【提示】

推销演讲是企业销售部门推销员或经商人员在商品展销、订货、拍卖、甩卖等商品交易活动中推销商品所进行的演讲。推销演讲对于传播商品信息，激发顾客购买欲望和行动，扩大销售，活跃经济，推动生产发展具有重要作用。当然，如果以一种半幽默式的方法来分，自我介绍或对他人的介绍也属于此类演讲。

推销演讲方式比较多，使用手段很灵活，没有固定结构模式。只要在开头简单介绍商品的规格、成分、产地等相关内容，在主体中详细提供商品信息的细节，如：商品的历史情况、制作方法、性质特点及用途等内容就可。

推销演讲首先要求真实。要遵循“信誉第一，用户至上”的实事求是原则，这是一种职业道德，也决定着推销者的推销态度。其次语言要通俗化、口语化。推销演讲要面对不同年龄、不同职业、不同文化程度的顾客，要大家一听就懂，所以语言要尽量规范浅白，少用方言土语和冷僻字词及文言词语。另外要生动幽默，欢快灵活，出口成章，有韵律感，使人听起来舒畅入耳。还要注意节奏快捷，制造紧迫感，从心理上征服顾客。

［范本一］这就是我

朋友们：

在沧海中，我是一粒沙。我，隐藏在茫茫人海中。我既没有柔美的身段，也没有亮丽的双眸，但我有进取的心，有似水的情怀，有崇高的理想，我坚信腹有诗书气自华。

我，不愿随波逐流。在《未选择的路》中弗罗斯特曾写过："黄色的树林里分出两条路，可惜我不能同时去涉足。""而我选择了人迹更少的一条，从此决定了我一生的道路。"我不愿去走别人庸俗的老路，去过跟别人同样庸俗的生活。在偷觑他人的同时，也否定了自己。

我，幽默宽容。我向来不喜欢看别人满面怒容的样子，我认为他人的笑才是天下最美的风景。所以每天，我都会变成一颗开心果，尽可能地给他们带去欢乐。"比大地宽阔的是海洋，比海洋宽阔的是天空，比天空宽阔的是人的心灵。"宽容使狭隘的胸怀容纳百川，所以对待别人的过失，我都是付与笑谈中。

我，要做自己。齐白石老先生曾说过："学我者生，似我者死。"走不出前人的框架，自然也就不会有自己的天地。当泡沫小说流行时，我感觉那是在浪费时间，当网络游戏流行时，我感觉那是在虚度青春。我要做自己，看清真实的我，拿出十二分的信心，告诉自己："我就是我，凭什么跟他一样？"抛掉那些人为的浮华雕饰，亮出自己的王牌，追求自己的个性，做我自己，做到最好！

我，积极进取。小小的我是一粒沙，但不甘于落后，一生庸碌无为。我愿做生命的酋长，做一粒不朽的珍珠泪。路漫漫其修远兮，吾将上下而求索。我渴望朝向艺术之塔，文化之巅，事业之厦，庆功之缘，不负这繁花似锦的时代，留一行扎实稳健的足迹，把美和爱洒向人间……

这就是我，风华正茂的我，意气风发的我。

这就是我，幽默宽容的我，不甘落后的我。

我就是我——天下无双！

[范本二]介绍一本书的演讲稿

朋友们：

《简·爱》是英国文坛著名的勃朗特三姐妹中的大姐夏洛蒂·勃朗特的第一部长篇小说，也是她的代表作。出身贫寒的简·爱在做家庭教师时，与男主人公罗切斯特产生了真挚的爱情。就在两人的婚礼上，简·爱发现罗切斯特家的阁楼上藏着一个疯女人，而她竟是罗切斯特的结发妻子。简·爱愤而离去。不久，疯女人火烧庄园，罗切斯特双目失明，并陷于贫困。就在他对生活感到绝望之际，简·爱回到了他的身边……

这位名不见经传的普通人，写的这部传世力作，也同那些赫赫有名之家的传世大作有种共性的东西，那就是深刻的思想和睿智所传达出来的心情与感觉。让人阅读时能在不知不觉中便进入一种如梦如幻的境界，让人的灵魂随之离开肉体而追随作者的灵魂飘然或不自觉地进入那种时而平静淡泊，时而高远深广，时而躁动奋激，时而缠绵悱恻的氛围，去领略生命边缘的景致，去感受超自然的力量。爱与恨、欢欣与悲哀，点燃智慧和生命之炭，熊熊如同太阳，辉映心灵的阴晦，永久地燃烧着人类的黑暗。使人们看到了自己的真与假、美与丑，看到了世界过去的事与未来的情。

在幸运与噩运之间，在贫瘠与富足之间，在沉默与爆发之间，那和善的眼睛喷出拼搏的目光，是脆弱的枪膛飞出勇敢的子弹，用单薄的弓射出锋利的箭，穿越遥远又临近的距离，击毁无形而绝缘的壁垒，使幻想的愿望抵达现实的目的，让差别交换位置或者消失。突破局限，是不屈和坚韧的功绩；处身峰巅和无迹的路面，是跋涉的结果。怯懦和萎缩不会改变命运，徘徊观望不能脱离牢笼，贪逸和守财只有霉烂。用简·爱的精神才能找到自己的世界，实现生命的价值，行动才能向前，争取才能平等，独立才能自由。用辛勤的思索去耕耘凡俗的荒原，亲善和坦诚的彩虹跨越在欺诈和奸险的深渊与泥潭之上，向未来输送彩梦。幸福不是某个人某个阶层的专利，她属于芸芸众生的每个分子。跟着简·爱去获得你崇高的人格、完美的人性和非凡的人生，幸福会拥抱你。痛苦与磨难是简·爱的道路，孤独与抗争是简·爱的脚步，搏击与真善是简·爱的性格，美满与幸福是简·爱的归宿。我们只要拥有了简·爱所拥有的，我们就会拥有真正的人生财富和生命的辉煌。

简·爱的精神生命不朽！

［范本三］天津风筝

也许你们中的许多人都有在天高云淡的空中或在秋风习习的夕阳下放飞风筝的经历。可是，你们放过风筝中的佼佼者——××风筝吗？××风筝，在艺术上独具一格，在创作上精美别致，是我国出口风筝的大宗。

××风筝的特点是造型逼真，线条简练，色彩鲜明。它的骨架全用打眼扣榫，不用线绑，显得精巧灵活，轻盈隽秀。它的绘画着色浓重，色彩鲜艳，在两百米的高空也耀眼生辉。从个体仿形上，有人、物、字、花、鸟、虫、鱼、草等，其中最丰富多姿的是鸟类：老鹰、小燕、凤凰、大雁、彩鸡……形态各异，色彩万变。

××制作风筝的人很多，以“×记风筝”最负盛名，被称为“风筝×”。

“风筝×”的第一代人叫×××，他16岁学艺，出师后就在××鼓楼东“××扎彩铺”从事风筝创作。他扎工精细，绘画奇艳，形成了自己独特的风格。在1914年巴拿马世界博览会上，他的作品获得了金牌，为××风筝赢得了荣誉，他自己也从此得到了一个光荣绰号——“风筝×”。1959年，×××去世后，其侄×××继承了他的艺术，成了“风筝×”的第二代。1976年×××退休，他的儿子×××继续从事风筝制作。他现在是××工艺美术厂的技术员，不但继承了“风筝×”的传统，还设计制作了许多新颖的风筝，如“中日友好”、“银球传友谊”、“百花齐放”和“百鸟朝凤”等。在“风筝×”等名制作艺人的影响下，××市的专业和业余风筝制作经常举行风筝比赛，互相观摩学习，推动了××风筝艺术的发展。目前，××风筝已经发展到二百多个品种。

放风筝是很好的体育活动，风筝作为艺术品，具有很高的观赏价值。因此，近年来，“风筝×”遍及欧美。许多到××旅游的人都要买几个天津风筝带回去。

各位要有兴趣，不妨买一个回去试试。谢谢大家！

第十一章　开业典礼演讲

【提示】

开业典礼演讲是指在规模较大的公司、商店、饭店、宾馆等举行的开业庆典上，由主人和来宾所进行的喜庆礼仪讲话。开业典礼演讲可使开业典礼的气氛更加隆重热烈，还可以通过陈述见解，交流感情，加深主客之间的相互理解，共同面向未来。

开业典礼演讲一般包括主人致辞和来宾致辞两种形式，其写作格式也不同。

主人致辞首先是对与会者的称谓，其次，宣告开业，向来宾表示谢意；接下来介绍企业的筹备背景、过程及发展情况，然后介绍以后的打算，表达信心和决心等；最后对来宾表示再次感谢。

来宾致辞首先对企业的开业表示祝贺；其次对企业开业的意义予以评价；然后对企业的发展提出建议和要求；最后以礼节性的言辞结束，祝企业兴旺发达等。

开业典礼演讲时，表达者要神情庄重，声音洪亮，吐字清晰，层次分明，文字简洁。

［范本一］酒店开业庆典致辞

各位嘉宾：

金秋时节，清风送爽，丹桂飘香。今天，××大酒店开业庆典仪式在这里隆重举行。我谨代表××市房产管理局向莅临今天盛会的各位领导、各位嘉宾表示热烈的欢迎和衷心的感谢！向为酒店建设付出心血和汗水的全体施工管理者和工程建设者表示亲切的问候！

千秋伟业千秋景，万里江山万里美。我局按四星级标准投资建设的××大酒店自××××年12月破土动工以来，全体建设管理者和工程建设者克服地质复杂、施工难度大、资金紧缺等方面的困难，经过两年多的奋力拼搏，保证了酒店的顺利开业。建成后的××大酒店，设计新颖、风格别致、功能齐全，无论是主体建筑，还是装饰装修，都构思宏伟、气势恢宏、手笔大气。酒店主体共×层，建筑面积××平方米，定位于旅游休闲性酒店，内有仿真凯旋门、多功能会议厅、中西餐厅、茶室、桑拿保健中心、多种格调的标准房、商务用房和豪华套房。酒店前为××平方米的喷泉休闲广场，后部设有面积××平方米、××个泊位的现代化停车场。酒店还有一个独一无二的优势——温泉，含钙、钠、镁、钾、碘等多种有益人体身心健康的元素，直接可泡可饮，是可遇而不可求的龙泉玉水。××大酒店的建设和开业，是我局实现房产经济由管理型效益向经营管理型效益转变的重大举措，对提升整个××市旧城区的档次，打造××州旅游名市，增添了流光溢彩新的一页。

"有朋自远方来，不亦乐乎"。酒店开业之后，我们期待各位领导、四方来宾、各界朋友，予以更多的支持、关心、重视和理解。同时也希望酒店管理公司和全体职员要强化管理，规范运作，热忱服务，爱岗敬业，尽心尽力把××大酒店做成××市乃至××省中最有品味、有档次、有影响、有效益的一流酒店。

最后祝各位领导、各位嘉宾身体健康，生活幸福，事业兴旺！祝××大酒店开业大吉，生意兴隆，鹏程万里！

谢谢大家！

[范本二]公司开业庆典致辞

各位领导、各位来宾：

今天是××市××保险代理有限公司开业庆典，出席今天庆典的有××市各家保险公司的老总们，有××市保险行业协会的领导，有工商、税务等政府有关部门的领导，有长期以来对我公司的筹备和发展给予大力帮助和支持的社会各界朋友，有××电视台、××日报、××晚报等新闻媒体的朋友们，首先我代表××保险代理公司向各位领导和各位朋友的光临表示热烈的欢迎和衷心的感谢！

××保险代理公司由中国保险监督管理委员会于××××年×月×日批准开业，由××市工商局于××××年×月×日进行注册登记，成为××市第一家专业保险代理机构，其业务经营区域为××省行政辖区。××保险代理公司将接受××省辖区内尤其是××辖区内各家保险公司的委托，代理销售保险公司的保险产品，代理收取保险费，代理相关业务的损失勘查和理赔。××保险代理公司将以一流的管理、一流的服务、一流的品牌、一流的信誉服务于各家保险公司，服务于××尤其是××的广大客户，为发展××的保险事业做出自己的贡献，让每一个家庭、每一个企业、每一个社会组织，在保险的充分保障下安定地生活、稳健地发展。

××保险代理公司作为××市第一家专业保险代理公司，其生存和发展离不开各家保险公司的扶持，离不开政府各部门的帮助，更离不开社会各界朋友的支持。希望在座的各位领导及各位朋友在以后的日子里能更加关注我们，更加支持我们，你们的每一分支持都将激励我们更加努力地工作，努力打造××保险业的专业服务品牌，为各家保险公司服好务，为广大客户服好务，真正成为沟通保险公司与客户的桥梁，让保险公司的产品通过我们的服务惠及广大客户，让保险公司的服务通过我们的传递得到充实和延伸。在此我代表××保险代理公司的全体员工对给予我们支持和帮助的各位领导及各位朋友再次表示衷心的感谢！

最后，祝各位领导及各位朋友身体健康，工作顺利，家庭幸福，万事如意！谢谢！

[范本三]专卖店开业庆典致辞

各位领导、各位嘉宾，朋友们：

盛世之夏，激情飞扬，酒林奇葩，香飘××。今天，我们在这里隆重举行“××百年老店”××专卖店开业庆典。首先，我代表××集团百年老店有限责任公司××专卖店全体员工，对各位领导、嘉宾和朋友们的光临表示衷心的感谢和热烈的欢迎！

华夏五千年，老店酿玉液。××采用川南地区上乘五粮，截取长江源头优质水源，经过28层纯净过滤，18道人工酿制，历经数年窖藏，成就了××代表着全世界浓香型白酒之至臻完美的品质，撰写了××成为百年老店的传奇华章。

××作为百年老店，以回报社会为己任，在其美名问世100周年来临之际，与××酒业集团强强联合，为全世界成功华人量身定制一款高端极品珍酿，这就是“百年老店”酒。

她上承××百年酿造传统，下续××现代勾兑技术。酒质、风味、口感皆体现“老酒”的独特性；酒瓶上前店后厂的作坊浮雕造型，古色古香，是“老店”厚重文化底蕴的真实写照。经过近几年的长足发展，“百年老店”酒已经获得了全国消费者的广泛认可和赞同。××××年，××集团被授予“百年老店”“最具发展潜力奖”；××××年，中国酿酒工业协会颁给“百年老店”酒；“××××年中国白酒典型风格金奖”；中国名牌研究会调查中心颁发“中国畅销品牌”；世界名酒协会××××年“全世界成功华人最喜爱的白酒品牌”；××××年中国名牌资产评估事务所评“百年老店”品牌资产价值×亿元。

××××年，作为“中国酒业大王”的“××”集团制定了“世界品牌”战略，以××美酒问世100年特别打造的“百年老店”，成为

××集团重点扶持品牌。除在中央一套、三套黄金时间《企业故事展播》和《企业文化 MTV》中隆重发布外，还花重金聘请资深专家对“百年老店”品牌进行重新定位包装。在备受全球瞩目的第 33 届莫比广告奖评选中，××百年老店“典藏”酒和“银典”酒包装，从全球 40 个国家共计 7000 件参赛作品中脱颖而出，一举获得“最高成就奖”。新的“百年老店”普通型酒，将皮卡盒改成了喜庆装，每一盒配置独特的富有“百年老店”个性的赠品，直接进入流通市场，让普通人也可以品尝到“百年老店”的琼浆玉液。总之，“百年老店”酒以其丰富的品种，构筑起不同档次的产品体系，为经销商和广大消费者选择不同产品带来了极大的方便。

“百年老店”，百年基业。“百年老店”代表的正是中国酒业大王××的最高境界，也代表着一种行业的最高追求。三重防伪，让您更放心；独特自然，让您更开心；完美品质，让您更舒心。××××年 5 月，中央领导视察了××集团公司后深有感触地说：“××大有希望。”中央领导的关怀使××人倍受鼓舞，决心继续发扬“创新、开拓、竞争、拼搏、奋进”的企业精神，夺取第二次创业的辉煌胜利，使××这一中华民族的优秀品牌更加光彩夺目。

百年老店酒，品质风格，独步群芳，卓尔不凡；包装艺术，独树一帜，独超众类。她代表的就是尊贵，就是无上至尊。饮××，为胜利者讴歌，为友谊者架桥；品老店酒，为亲人祝福、为朋友贺喜。无酒不成席，名酒激豪情。风物长宜放眼量。展望未来，竞争日趋激烈；登高望远，更需友人关心和支持。我将偕“××百年老店酒××专卖店”全体员工，以务实求精的精神，以细致周到的服务，使“百年老店”这一家族的瑰丽奇葩，成为您的相知，成为您的最爱！

[范本四]在劳动力人才市场开业典礼上的致辞

同志们，朋友们：

今天，我们在这里举行××区人才劳动力市场开业仪式暨招聘活动，这是我区践行"三个代表"重要思想，落实科学发展观和构建社会主义和谐社会的具体体现，也是为民办实事的重要举措。市场的启用运行，得到了上级人事、劳动部门的鼎力资助，得到了兄弟区县及企业单位的支持关心。在此，我谨代表区委、区政府，向前来参加仪式的各位领导、各位来宾表示热烈欢迎和衷心的感谢！

人才是强国之源、就业是民生之本。培养和造就一批高技能人才和高素质的劳动者队伍，建设一个科学化、规范化、现代化的人才劳动力市场是时代的需求，也是广大民众的呼声。人事人才和就业再就业工作抓得如何，是衡量我们立党为公，执政为民的重要标志。我们一定要牢记宗旨，扎实工作，解放思想，求真务实，创新人力资源服务体系，夯实就业再就业工作基础，发挥市场配置人力资源的基础性作用。按照科学化、规范化、现代化的要求管理好市场，服务于人民。使市场真正成为企业招贤纳士的好帮手，人民群众求职就业的贴心人。

预祝本次人才招聘暨劳务洽谈活动取得圆满成功！祝莅临活动的各位嘉宾身体健康、事业有成、吉祥如意、新年快乐！

谢谢大家！

[范本五]开业庆典来宾代表讲话

尊敬的各位领导、各位来宾：

今天很荣幸能参加××保健院的开业庆典。首先，我代表到场的各位来宾祝贺××保健院开业大吉！事业蒸蒸日上！财源广进！

在全民提倡绿色健康产业时，××保健院能够以先进的经营管理理念把握住无限的商机，尤显一种英雄本色。那不是简单的人云亦云，不是随波逐流，而是在致力于继承和弘扬传统中医文化基础上的进一步拓展。创建新的健康理念，对深度的中医药保健品进行开发，这是极具前途的事业。加之××保健院强大阵容的专家团队，无疑会使它在市场竞争中处于不败之地。今后一定能够以飞快的速度发展壮大，在创造出极高经济利润的同时，打造出自己的品牌文化。

任何一个历史悠久的企业，无一不具备自己特有的企业文化。可以说，先进的企业文化对一个企业的发展是至关重要的，现代的企业管理更是注重用文化带动企业的整体发展。从这一点上说，××保健院具备了一个较高的起点，我们相信它能在提高经济效益的同时，秉承中华民族传统文化，给博大精深的先哲思想注入新的内涵，创造出适用于自身发展的企业文化。

最后，恭祝××保健院能够在今后的发展道路上，以自身坚实的经济基础、人力、技术、文化资源为基础，创建中国的品牌企业，并且越办越好，越办越大！

谢谢大家！

第十二章　奠基落成典礼演讲

【提示】

奠基落成典礼演讲，是在一些重大的建筑物或大型商场、铁路、公路、河道、桥梁等大型建筑工程开工之前、竣工之后所进行的讲话。这类演讲者在工程活动启动时，对参与成员为完成它而提出要求和希望，或结束时进行总结和表彰。它可以激励斗志，增强信心，以激起每位参与者的积极性和责任感。

这种演讲首先要向来宾表示感谢，并简介活动的主要内容。然后强调活动的重要性，说明工程、建筑物开、竣工的重大意义。

这两种演讲在表达时语言要简洁明快，生动活泼，富有感染力；感情要炽热而真挚；结构层次要清晰，篇幅要简短。

[范本一]在岳飞铜像落成揭幕式上的演讲

各位领导、各位来宾、朋友们、同志们：

今天，我在这里郑重宣布：我们的愿望终于实现了！伟大的民族英雄、古代优秀军事家岳飞的大型铜像，以它独特的雄姿屹立在英雄的故乡——汤阴县精忠广场中央！这是我们36万汤阴人民的一件大喜事！为此，我代表中共汤阴县委、汤阴县人民政府，向参与这一宏大工程设计、制作、施工的各位专家、工人同志们表示衷心的感谢！向光临今天盛会的新闻工作者和各界人士表示热烈的欢迎！

884年前，一个平凡而伟大的生命在我们的家乡——汤阴诞生了。他，就是广为人知的岳飞。岳飞青年时代从戎抗金，在中原动荡之际，担负起抗击异族侵略的重任，风餐露宿，驰骋在大江南北。他矢志精忠，智勇善战，治军严整，为官清廉，深受当时人们的拥戴。由他率领的岳家军，纪律严明，作战顽强，历二百余战，从无败绩，创造了中国古代军事史上极为罕见的战绩！

但是，公元 1141 年，官至河南北诸路招讨使的岳飞，正满怀信心率军“直抵黄龙，收复幽燕”的时候，却因投降派的诬陷迫害，而失去了酬还壮志的机会。次年 1 月 27 日不幸以“莫须有”的罪名冤死在杭州狱中，在中国古代史上写下了可歌可泣的一页！

今天岳飞已作古 800 多年，但他并没有被人们所忘记。他不但被尊为民族英雄，视为爱国化身，而且其精神和品质已成为人们效法的楷模，启迪和激励着千千万万个仁人志士。为了纪念他，人们把他那富有传奇色彩的经历载入青史，写成文学作品，搬上舞台和银幕，播向中华大地的各个角落。作为今人，我们赞颂他那对祖国的耿耿忠心，对人民的满腔热忱，对自己的洁身自爱。岳飞的名字，不仅是汤阴人民的骄傲和光荣！也是每一个炎黄子孙的骄傲和光荣！

为继承民族传统，发扬爱国主义精神，汤阴县人民政府在 1986 年初建议，在此建造岳飞大型铜像，以供汤阴人民和来汤的中外宾客乃至后世子孙瞻仰。方案确定后，承蒙四川美术学院的专家精心设计、精心制作，汤阴县城建部门的广大工人冒严寒、抗风雪、不辞劳苦地精心施工，历时 3 个多月，终于使高达 12.6 米的岳飞大型锻造铜像落成，实在可喜可贺！

岳飞大型铜像的落成，是汤阴县两个文明建设以及旅游事业的一件大事。我们相信，深受岳飞精神和品质感染的、具有几千年文明传统的广大汤阴人民，一定会倍加珍惜这一现代“文物”，以岳飞“精忠报国”的精神和行动鞭策自我，努力工作，积极劳动，发奋学习，为祖国的繁荣昌盛，为中华民族的伟大振兴，为社会主义现代化建设而全力奋斗！

[范本二]在大桥开工奠基仪式上的致辞

各位领导、同志们：

十月，是流金的岁月，收获的季节，满眼都是硕果累累，扑面而来都是果实飘香，双耳闻听处处捷报频传。在这个生机盎然的季节，我们相聚在风景秀丽的大别山主峰脚下，隆重举行××县××大桥开工奠基仪式。这是我镇经济社会发展中的一件盛事，是我镇加快发展步伐，建设旅游重镇的又一喜讯！在此，我代表全镇×万人民向百忙中不辞辛苦前来参加奠基仪式的各位领导、各位来宾表示热烈的欢迎！

我们××镇位于大别山国家森林公园的中心地带，是省际重点口子镇，闻名全国的“茯苓之乡”。近年来，我们充分发挥丰富的药材、木材、蚕桑、石材和旅游资源优势，坚定不移地走“强农稳镇、兴工富镇、促商活镇、旅游兴镇”的路子，经济发展的步伐明显加快，呈现了前所未有的良好发展势头，取得了显著的成效。但是随着经济超常规地发展，基础设施建设滞后已严重制约了××镇的快速发展，特别是处于××干线及××风景区交汇处的××漫水桥多年来一直阻碍了××的发展，也给当地群众的生命财产带来了严重的威胁。在此时刻，县委、县政府审时度势，高瞻远瞩，从发展旅游产业高度出发，从解决群众息息相关实际问题出发，在财力十分紧张的情况下，毅然决定投资××万元兴建××大桥，实现了广大××群众多年的夙愿。

今天，××县××大桥工程建设项目已破土动工了。××大桥既是××干线、××西线的必经之地，又是××大别山区的主要通道，它的建设将为构筑××镇全面小康的快速通道，创建××“大别山风景区”发挥极其重要的作用，它的建成将使××山区公路形成一个循环网络，有利于发挥项目的整体效益。在大桥的规划设计的前期筹建过程中，我们得到了县委、人大、政府以及各有关部门和社会各界朋友的大力支持和帮助。我们忘不了以×县长为首的县领导多次召开督办会，为大桥顺利开工建设提供了强有力的组织保证；我们忘不了县人大及时倾听群众呼声，提交议案，跟踪监督，为大桥建设提供了强大的法律保障；我们忘不了县计划局、交通局等有关部门为项目申报以及规划设计等前期准备工作，投入了大量的人力、物力、财力，费尽了心思。在此，我们向所有倾心关注大桥建设的各位领导、各位朋友表示衷心的感谢，并希望你们能够一如既往地支持大桥工程建设，能够一如既往地关心××镇的全面发展。同时，我们决心抓住这千载难逢的机遇，全力以赴，通力配合，扎扎实实地做好各项协调工作，尽心竭力提供各种优质服务，努力为大桥建设营造一个宽松的施工建设环境。

最后，衷心祝愿大桥建设工程早日竣工！

谢谢大家！

［范本三］在大桥路开发工程奠基仪式上的致辞

各位领导、同志们：

今天，我们非常高兴地参加××镇大桥路开发工程的奠基仪式。首先，我代表市委、市政府对此表示热烈的祝贺！并向前来参加奠基仪式的各位来宾和同志们，表示热烈的欢迎！

农村城镇化是党的十六大提出的全面建设小康社会的一项重要内容，是社会发展的必然趋势，是从根本上解决农业、农村和农民问题的一个战略举措。在最近全市三级干部会议上，我市也把加快小城镇建设、推进城镇化进程作为一项工作重点。××镇大桥路开发工程的建设，符合党的十六大精神，符合我市发展的实际，更符合小城镇发展的要求。

近年来，××镇坚持把小城镇建设推向市场，实行投资主体多元化、投资行为市场化，在加快小城镇建设方面进行了积极有效的探索。今天，大桥路工程正式开工建设，可以说，××镇在“经营城镇”方面迈出了可喜的一步。同时，××镇作为千年古城，是全市小城镇建设重点镇，自古就是我市政治、经济、文化的中心。开发公司选择××为合作伙伴，可以说是非常有远见卓识的，不久的将来，投资者必将获得丰厚的回报。

大桥路开发作为一项高标准规划的城镇建设工程，需要社会方方面面的共同努力来完成。在此，希望建设单位精心组织，规范施工，高标准、高质量、高速度地完成工程建设。有关部门和当地政府要进一步关心支持工程建设，积极帮助解决工程中遇到的问题，同心协力推进工程建设。

最后，预祝工程建设进展顺利、双方合作圆满成功！衷心祝愿各位来宾、同志们工作顺利、合家欢乐！

谢谢大家！

第十三章　开学典礼演讲

【提示】

开学典礼演讲是指学校领导或相关师生在开学仪式上对新生入校所发表的讲话。

这种演讲的称呼要亲切自然，继而表达自己的心情与问候，然后简单介绍学校、师资、设备等有关情况，介绍教学的有关想法与计划，最后向学生提出学习上、生活上的要求与希望，表达一些祝福、希望性的话语。

开学典礼演讲时态度要认真，表达要亲切，体现出对广大学生的欢迎和关爱，以使学生产生愉快的情感体验；其次要抓住重点，根据自己的身份、特点，着重从自己感受最深或最有意义的方面展开演讲；另外，语言要简洁生动，自然活泼，清晰得体，营造出热烈轻松的氛围。

[范本一]高中春季开学典礼上校长致辞

各位老师、同学们：

春回大地，万象更新。伴随着新学期的开始，××中学师生又将走进一个崭新的春天。回首过去的一年，××中学全体师生聚精会神抓教学，一心一意谋发展，谱写了学校发展史上的新篇章。人心凝聚，事业昌盛，大事多、喜事多，是××××年××中学发展历程的最好写照。去年我校再次顺利地通过了省政府的省级示范学校教育督导评估，经受住了“非典”的严重考验，取得了高考获全省理科状元的突出成绩，建立了西部生源基地，成功举办了××省中学生篮球赛，年底×××同学又光荣入选国家化学奥赛集训队。所有这些成绩既是全校师生一年来心血的凝聚，也是××中学整体办学水平实现跨越式发展的生动再现。在此，我谨代表学校向书写这些辉煌历史的××中学全体师生表示衷心的感谢！

在这里还要特别跟大家报告的是，我校×届校友××大学博导×××教授于去年年底被增选为中国工程院院士，至此我校已有×名校友成为院士，让我们为能在这块人杰地灵的沃土上学习、生活而感到自豪！

新的一年，学校将迎来学校大发展难得的机遇。我们要深化改革，力求创新，潜心打造学校的优质品牌，扩张学校的优质教育资源。我们要认真抓好教学这项中心工作，特别是课堂教学，教学质量是学校的生命线，优秀的学习成绩是我们师生不懈努力所追求的共同目标。我们培养学生既有近期目标，又有长期目标。近期目标就是经过三年的学习，完成国家所要求的学习任务，并要比同类学校的学生取得更优秀的成绩，这就要求我们认真抓好教学工作。长远目标就是学生经过三年的学习生活，为他今后三十年乃至一生的发展打下良好的基础。这就要求我们除了抓好教学外，还要抓好各项活动。因此，希望每一位师生对自己的工作、学习、生活，都要用心去做，认真做好。

我们要从严学校的管理，建设良好的学习生活环境。由于学校办学规模的不断扩大，也带来了管理上的难度。我们一方面要加强教育，推广一些优秀班级的管理经验；另一方面要加大处理的力度。

老师们，同学们，让我们居安思危，严谨务实，开拓创新，克服前进道路上的艰难险阻，在新的一年里以更饱满的热情，迎接新的挑战，寻求新的发展，潜心发展优质教育资源，为把我校建成省内最具吸引力的中学之一而奋斗！让鲜花与掌声永远与××人相伴，让我们共同的家园——××中学永远温暖如春！

最美的春天不在自然界，她蕴藏在人们心中。只要我们胸怀希望，我们就总能与春天相伴。又是个千舟竞发，百事待兴的新起点，打开新年之门，祝大家都有一份万象更新的好心情，祝学校在新的一年人气更旺，成绩更辉煌。

再一次祝愿全校师生新的一年里健康、快乐，万事如意，梦想成真！

谢谢大家！

［范本二］在初中开学典礼上的致辞

各位老师、同学们：

新春伊始，我们又迎来了新的学期。今天，我们怀着喜悦、激动的心情，在此隆重举行××××年春季开学典礼。对上期取得优异成绩的学生表示最热烈的祝贺。

××××过去的一年是我校不平凡的一年，在全体师生的共同努力下，我校在教育教学和精神文明建设上取得了振奋人心、令人欣慰的成绩，创造了我校建校以来的辉煌。在××××年毕业会考中，我校连续×年名列××区第一名，上重点高中人数突破×人大关，较前年净增×人，其中在全区汇考中上线人数×人，居××区同类学校榜首。同时，不少同学在英语、数学、化学、物理竞赛中，荣获全国、省、市、区一、二、三等奖，扩大了我校的知名度，增强了师生的凝聚力和我校对外的吸引力。××××年的精神文明建设上了新台阶，省、市、区工会组织先后到我校进行指导，并对品学兼优的贫困学生给予了极大的帮助。学校先后取得了“市最佳精神文明单位”、“市农村教育先进集体”、“市体育传统学校”、“区示范初中”等诸多的荣誉。

老师们、同学们，成绩只能说明过去，展望新的一年，我们任重而道远，需要更加刻苦学习、奋发图强。借此机会，向同学们提几点希望：

1. 要树立“校荣我荣，校衰我耻”的主人翁思想

我校是经区教育局批准的全区第二所示范性初级中学，把学校办成一所社会公认、家长欢迎、学生向往的名校，是我们全校师生的共同心愿。办好示范初中，仅有老师们的努力是不够的，也是不行的，还要靠我们每一个同学奋发拼搏、勤学苦练，不断地、尽最大努力地提高自己的学习成绩。无论是说话办事，还是参加各种活动，时时都要想着为学校增光添彩，处处要有“今日我以××学校为荣，明日××学校以我为荣”的志气和豪气，我们的思想才会进步，我们的学校才能更加辉煌。

2. 要学会尊重

尊重是中华民族传统文化的精华，是当代最基本的道德观念。要做到尊重，我认为应做到以下两点：

一是尊重自己、相信自己，树立良好的个人形象。当前在个别学生的身上还存在着一些不尊重自己、不相信自己，有损个人形象的不良行为，突出表现为厌学。厌学使一部分学生胸无大志，不愿读书，随意迟到、早退、旷课，考试作弊，抄袭作业，抽烟喝酒，打架斗殴，寻衅闹事，严重违反校纪校规；其次表现为不讲文明，行为粗野。良好的校园环境是学生学习、陶冶情操的保证，而个别学生不听师长教导，随地吐痰，乱扔杂物！校园内随意踢球，损坏教室、寝室电源开关、电灯、桌椅的不文明行为时有发生。个别学生缺乏礼貌，不懂文明用语，开口就骂人说脏话，衣着不整，佩戴首饰，在头上做文章，形成五颜六色，自认为时髦的形象，其实这些不良行为、习惯不仅损害了我校的形象，也损害了自身的形象。相信自己是尊重生命的重要表现，是培养独立人格、塑造健康自我的基础。在学习、生活、工作中要有雄心壮志，要相信经过自己的努力也一定能够达到和完成。要培养自己的自信心，希望大家做到：一是每周认真在周记本上写一篇自我剖析文章，客观地认识自己的优缺点，冷静地分析他人对自己的批评指责及表扬嘉奖；二是学习他人，知道自己与他人之间的差距，明确自己的前进方向；三是培养耐挫能力，能在逆境中自我调节，形成自我激励。

二是尊重他人，尊重他人的劳动成果。学会尊重会使自己更高尚，会使他人更愉快，在家要尊重父母，在校要尊重师长，在社会上要尊老爱幼。当前，在个别同学的身上利己主义思想严重，缺乏集体主义精神和协作精神，只顾自己，不管他人，缺乏自控能力，如有的同学在寝室、教室等公共场所大吵大闹，严重影响他人的学习和休息，这都是不尊重别人的表现。还有极少数同学，容易感情冲动，为个人的利益和哥们儿义气，参与打架斗殴，破坏学校声誉。

3. 要学会学习

我们不仅要肯学习，还要善于学习，学会学习。虽然学习没有捷径可走，但学习是有规律的、讲方法的。在今天“知识腾飞”的时代，学会学习尤为重要，会不会利用工具书，能不能举一反三、触类旁通，直接决定我们的学习效率。会学习，就能事半功倍，否则就会事倍功半。学生不会学习，既是自身的悲剧，也是教师的悲哀。为此，我建议，在学习过程中要正确处理好“听、看、练、思、悟”的关系。“听、看”是获取信息，获得知识的主要途径，“听、看”要有目的，这就要求做好预习，通过预习明确该听什么、该看什么。无数事实证明，是否有目的地听和看，学习效果是截然不同的。“练”是掌握知识方法、获取智力技能和操作技能，发现问题、解决问题的重要途径。“思”就是想，在学习过程中要敢于质疑，多问一个为什么，带着问题学习。“悟”是更高层次的思，悟懂了，你就是知识的主宰者，你应用知识就会得心应手。处理好这五者的关系，你就可以以“会学”的技巧达到“学会”的目的，你就得到了化石点金的“金指头”。

老师们、同学们，春华秋实，春天是播种的季节，让我们共同努力，播种成功，播种希望，播种快乐；让我们发扬爱校精神，克服前进道路上的艰难险阻,严谨务实,开拓创新。在新的一年里以更饱满的热情,迎接新的挑战,寻求新的发展,为实现把我校建设成为“管理一流,条件一流,质量一流,效益一流,创新一流”的名校奋斗目标而努力奋斗。

谢谢大家!

[范本三]学院开学典礼学生会代表发言

同学们:

金秋送爽,在九月××旖旎风光中,又一批新鲜血液注入我们的校园——××××届新同学,欢迎你们加入××学院这个温馨的大家庭!就像两年前我刚踏入校园时一样,此时此刻你们的心情一定非常激动。是的,因为你们即将踏入的是一个繁花似锦的校园,一个令人眷恋的故地,一片生生不息、蓬勃向上的热土。我院学生会全体成员向你们表示由衷的祝贺和热烈的欢迎!

作为你们的学长,我要告诉你们:经过短暂的休整,充盈激情、意气风发的你们又将开始新的征途。大学是人生的重要阶段,一种特有的校园文化,会使你们从幼稚走向成熟,从幻想走向理想。希望你们能提前做好准备,迎接大学生活的新起点。

刚跨进大学校园时,懵懂的我也曾和现在的你们一样,都会问自己这样两个问题:“我来这儿做什么?”“我将成为一个怎样的人?”是的,人生犹如夜航船,一个个始终警省自己的问题就是一座座塔基,而我们的回答就是点亮自己的灯塔。当思索这个问题时,我们正在为今后三年或者更加长远的未来树立一座灯塔,尽管前路漫漫,航灯迷烁,但一步步走来的我们将不断修正航向,向着那个人生的坐标原点进发。

作为你们的新朋友,我又不得不提醒你们:大学的校园生活并不像有的人想象中那般轻松自在。你将开始一段独立于父母依赖于同学的新生活。在这里,没有丰满羽翼的庇护,更多的只是同窗间的相互关心、互相体谅;在这里,没有师长拿分数“逼迫”你努力努力再努力,更多的是同学间友好的“明争暗斗”;在这里,没有人会责怪你对着冰冷的墙壁发呆,更多的是周遭环境无形中牵引你去挖掘校园文化的精彩。

当然,作为学生会的一分子,我的每一位同事和我一直都在为营造一个丰富多彩、积极向上的校园氛围而努力。我们随时敞开大门欢迎你们的参与和加入,也愿意为你们排忧解难。

“长风破浪会有时,直挂云帆济沧海。”让我们揽万卷文集,汲百代精华,踏实地走好每一步,共同携手,打造灿烂的明天!

请记住:今天我以××院为荣,明天××院以我为傲!

祝大家在校园中的每一天快乐、幸福!

[范本四]农电职工培训班开学典礼领导讲话

同志们:

××××年农电职工培训班今天开学了。首先,我代表×县电力局领导班子向前来参加学习的农电职工表示热烈的欢迎!

这期培训班是我局××××年职工培训计划的一部分,是在局领导班子的统一部署和安排下,由经营部、办公室共同组织承办的。本次培训首次采取脱产封闭、军事化管理的培训方式,工作中得到了县武装部的大力支持,在此,我代表电力局向县武装部领导以及参加培训工作的教官表示由衷的感谢!

经过农电体制改革和供电所规范化管理工作,农电工已经成为电力企业不可分割的一部分,是农电管理的基础力量,是供电企业实现“四到户”服务的主体,不管是在过去的农网改造,还是在现在的供电所经营管理、安全管理、优质服务工作中,都发挥了巨大的作用,做出了很大的贡献。但是,在肯定成绩的同时,我们也要正视问题。当前农电管理工作中最大的问题是:农电工队伍整体素质偏低,跟不上我局创一流管理工作的步伐,无法满足广大用电客户的服务需求。长期以来,部分农电工文化程度不高、工作责任心不强,加上供电所对农电工管理、考核、监督不到位,导致了日常松散的工作作风和管理无秩序的局面。落实“四到户”管理的目的本来是为了消除人情电、关系电、权力电,但由于农电工素质低、工作不到位,又出现了新的人情电、关系电、权力电,有的用电不走表,有的计量不准确,有的分类电价执行不准等等。解决这些问题的关键在于提高农电工素质,采取各种措施努力将农电工队伍建设成为一支精干高效、严格管理、文明服务的正规军。为此,经局班子研究决定,首先从抓供电所人员培训入手,坚持“以人为本”的原则,定期组织业务学习和技能培训,加强职业道德建设,不断提高农电工的业务能力;其次继续加强指标考核,将指标量化,责任到人,奖惩到人,对农电工实行动态管理,奖优罚劣,推行末位淘汰制;在培训、考核的同时,对农电工的工资、劳保福利,也要按照政策规定执行到位,让广大农电工有归属感,充分调动农电工的积极性。

此次培训,我们要从以下几个方面提高我们的综合素质:一是提高全员的组织性、纪律性,改变以往组织纪律松懈的现象,使我们由原来的松散性的电工队伍变成纪律严、作风硬朗的正规军。为此我们在此次培训过程上加入了军训内容,让大家真正体验一下军事化管理的要求。二是提高农电工的专业技术素质,改变个别农电工不懂基本电力操作技术,更有甚者不会爬杆、不会接线的问题,逐步把我局的农电工造就成一支技术过硬的队伍。三是加强行风及政治思想教育,通过对职务犯罪、两个条例的学习,达到提高认识、规范行为的目的。四是进一步加深对供电所规范化管理的认识。近几年来,我公司供电所规范化管理工作取得了显著的成效,5 个供电所达到市级规范供电所,4 个供电所达到省级规范供电所。但通过经营部对规范化的自查，我局的供电所规范化管理工作还存在着不深不细的状况，主要体现在人员的规范意识还不深、实际工作未完全按规范要求开展、个别所存在着基础资料不完善的问题。通过此次培训就是要进一步规范我们的意识，教育引导大家在今后的工作中按规范要求约束我们的行为。

针对本次培训，我提三点要求：

一要认识到位。我们每一位学员要认清自己的身份，摆正自身的位置，切实把自己作为电力局的一员来看待。你的一言一行代表着电力形象，代表着电力企业的形象。各位都要以企业主人翁的姿态看待这次培训，从思想上真正重视起来，一要做到尊重老师，虚心求教。二要理论联系实际，带着问题学，带着感情学。

二要纪律到位。每一位学员都要严格遵守培训纪律要求，模范地执行各项规章制度，认真完成五天的学习任务。

三要落实到位。要求每位学员养成一种良好的作风，要善于学习、善于总结。要把这次培训学到的知识，养成的良好作风带到岗位上去，带到工作上去，狠抓落实。只有把学到的知识应用到工作岗位上去，才能说培训达到了目的。

最后，预祝这次培训取得圆满成功，预祝每一位学员都取得优异的成绩！

谢谢大家！

第十四章　毕业典礼演讲

【提示】

毕业典礼演讲是指在毕业典礼和有关仪式上由学校领导、老师、在校学生代表和毕业生代表所作的告别讲话。

演讲者在倾诉心声，互吐衷肠，有利于传递信息，加深感情。更重要的是，它有启迪生活，鞭策先进，告示后进的作用。

毕业典礼的演讲首先要展示自己此时此刻的心情和想法；然后回忆毕业前在校的学习、生活情况；最后表达送别或告别时的祝福和希望。

[范本一]大学毕业典礼学生代表致辞

敬爱的校领导、各位老师、同学们：

很荣幸有这个机会作为大学××××届本科毕业生的一名代表站在这个讲台上。此时此刻，我的心情和在座的各位一样，虽然喜悦，但掩饰不住对老师和母校的回忆与留恋。

当前科教兴国战略已经深入人心，国家全面建设小康社会和实现中华民族的伟大复兴对人才兴国寄予了厚望。此时，我们作为新一届高校毕业生即将踏入社会，走上新的工作岗位，任重而道远。

回首四年来在××大学留下的每个镜头，我们经历了一个日积月累的过程，是学术的，也是感情的。各位老师在课堂上滔滔不绝、循循善诱、旁征博引，为我们展示了知识的大千世界。那一张张和蔼的面孔，一道道睿智的眼神都折射出他们作为杰出学者的人格魅力。在这里，我们看到了国家的过去、现在与未来，看到了国家的希望之所在，看到了积贫积弱中的崛起，更看到了机遇与挑战。透过一个个貌似枯燥的公式、定理，我们理解了科学的奥秘，通过一个个具体生动的案例，我们体味了生存与竞争的真谛。大学的日子给了我们一个清醒的头脑，一双洞察世界的眼睛和一颗热诚的心灵。是老师教我们掌握了本领，学会了做人。我们成长的每一步都凝聚着老师的心血。此时此刻，我们才真正感觉到，对于××大学的印象，不仅是宁静的大海和美丽的校园，更是对于这个令我们心动、哺育我们成长的知识殿堂的感激与热爱。

站在这里，我们满怀兴奋和喜悦；站在这里，我们更感受到一种重大的责任；站在这里，我们也是站在了两段历史的交汇点上。一段历史是××大学和××大学老师们缔造了学术积淀与辉煌。我们站在这段历史之上，正如牛顿站在巨人的肩上，得以纵横驰骋，自由翱翔。而未来，则是另一段历史，一段刚刚开始的历史，一段留待我们书写的历史。这段历史将是我们对于奉献社会和实现自我的诠释与证明，更是我们对××大学传统的理解与发扬。作为我校更名为××大学的首届本科毕业生，我们感到身上的责任无比重大。请母校放心，我们将时刻谨记：日后无论从事何种职业，无论身处何地，我们的一言一行都会自觉维护××大学良好的形象，因为，我们代表的是××大学，我们的心里永远留着××大学深深的烙印。

今天，我们即将分别，但此时的分别不是一段辉煌的结束，而恰是无数辉煌的开始。今天，我们为××大学而骄傲，明天，××大学乃至祖国必将因我们而自豪。

谢谢大家！

[范本二]高中毕业典礼学生代表发言

尊敬的校领导、各位老师：

今天，是我们高三年级的同学告别××中学的日子，我很高兴能够代表在座的近××位同学发言，以表达我们对父母、对老师、对××中学发自肺腑的感激和崇敬。

在18年的人生旅途中，始终有父母关爱的目光注视着我们。现在我们已经成年，即将开始人生中一个崭新的阶段。感谢我们的父亲母亲，感谢你们多年的操劳、无私的关爱和不变的支持！

每一位××中学的老师都值得我们感激。我们的成长和进步，无不凝聚着老师的心血。老师们不辞辛劳、无微不至的关怀和照料伴我们走过了3年的××中学生活，老师们出众的风格和独特的艺术让我们为之倾倒。正是老师们的忘我奉献，使我们获得新知；正是老师们的言传身教，让我们学会如何做人。不知不觉中，老师们鬓边的白发多了，眼角的皱纹深了。或许，“谢谢”二字分量已显太轻，但我还是要说：谢谢你，我亲爱的老师！

3年的××中学生活转瞬即逝。捧着沉甸甸的毕业证书，我们百感交集。礼堂依旧，面貌不改。只是离别的愁绪代替了初识的欣喜。3年时光，好像只不过几天而已。但我们却又学会了很多，我们学会了做人，学会了做事，也学会了做学问。桃李不言，下自成蹊。如果没有××中学优秀的传统，如果没有××中学向上的校风，如果没有××中学不衰的精神，如果没有这些出类拔萃的老师、同学，我们不可能取得今天的进步。而今我们也将成为××中学的历史，任何感激的话语都是多余的，因为高考的成功就是我们对××中学最好的报答！

春来三度，青翠依旧，于无声处却已见苗壮。我们即将离开××中学，也许今后不会再有这样的聚会，但××中学永远是我们心中的一座丰碑,上面镌刻着父母的辛劳、老师的关怀、同学的友爱、××中学的精神和我们的成功。我们为自己而自豪,为××中学而自豪,为我们都曾是××中学的一员而自豪! 愿××中学在未来的岁月中,不断进取,谱写她新的辉煌。

[范本三]在初中毕业典礼上校长的讲话

同学们:

今天,我们在这里隆重举行××××届初三毕业典礼。我作为校长向圆满完成初中阶段学习任务,即将步入人生新的航程的毕业班全体同学表示最衷心的祝贺!

日子总在岁月悄无声息的流动中飞驰而过,不知不觉中,我们沐着风,淋着雨,伴着黎明,迎着朝阳共同度过了3年难忘的初中生活。伴随着成功与失意,快乐与苦恼,眼泪与欢笑,同学们逐渐长大了。明天,你们将背起行囊,带着母校对你们的期望,带着父母对你们的叮嘱,踏上新的人生道路,开创美好的未来。聚也匆匆,散也依依。在这即将分别的时刻,我对你们的成长表示十分地欣慰,对你们的未来表示由衷的祝愿。

虽然我们相识的时间在岁月的长河中也许是一闪而过,可是每当我回想起我们相处的点点滴滴时,总有一种幸福而骄傲的感觉涌上心头。

今天是你们人生的一个特别时刻,你们至此已结束自己的初中生活,走出母校,走入更广阔的天地。在共同生活中,你们和老师结下了深厚的师生友谊,和自己的同窗好友朝夕相处,也俨然如兄弟姐妹。正如刚才三年级的同学说的:青春是一本太仓促的书,3年的时光,一千多个日日夜夜就这样匆匆擦肩而过,似水流年,有些记忆会随着岁月渐渐地淡去,但是在老师心中,永远忘不了你们在课堂上孜孜以求的身影,在运动场上龙腾虎跃的英姿,忘不了你们的青春风采，执著的追求，拼搏的精神，收获的喜乐，难忘的友情…… 3 年的初中学习，你们经历了一个成长的过程。

梁启超说过："没有永远的成功，也没有永远的失败。"经过了 3 年的拼搏，在座的有的同学已经取得了心目中理想的学习成绩，取得了暂时的成功。对于你们，我在表示由衷的祝贺的同时，送上毛主席的一句话以共勉：这只是万里长征走完了第一步，以后的路还很长，要戒骄戒躁。有的同学暂时没有取得预期的成功，对于你们，我想说：也许我们不能改变环境，但我们可以改变我们自己——不是将自己改变以迎合环境，而是努力成长来完善自己，找到属于自己的生命坐标。

离别在即，雏鹰即将高飞。面对即将离开母校的你们，我们衷心地期望：你们要拥有阳光的思想，睿智的思维。面对各种环境，不同的人生经历，可能会让你们时常面对选择，此时，唯有清醒的头脑、正确的思想、独立的思维，才能指引人生正确的航向。

面对即将离开母校的你们，我们衷心地期望：你们要拥有责任感——对社会的责任，对事业的责任，对家庭的责任。唯有承担起自己的人生责任，才能真正实现人生的价值。

面对即将离开母校的你们，我们衷心地期望：你们要拥有爱和宽容。漫漫人生征途，并非都是阳光普照的大道，会有荆棘和坎坷、风雨和冰霜。当你们面对困难和挑战时，对自己保留一份爱和宽容，让自己的身心多一点健康和明朗，让自己的生活多一点快乐和从容。若能对他人奉献一份爱和宽容，你们的胸怀会因此比天空还宽，你们的世界也会因此而更加美丽。

诗人汪国真曾说过：没有比脚更长的路，没有比人更高的山。敢问路在何方，路在脚下。你们将带着老师的期望走向漫漫征途。当美丽的××校园在你们眼中渐渐成为远去的风景时，希望你们记得常回家看看，看看校园的变化，听听老师的唠叨，谈谈自己的感受。你们的老师将一直在这里守望，为你们祝福，期待着你们佳音回报！

同学们，初中毕业只是人生道路上的一个驿站，今后还有更广阔的天地任同学们驰骋，还有更美好的前程任同学们去展望。

最后，我代表全体老师送每位同学“五个千万”：千万要健康，千万要快乐，千万要自信，千万要拼搏，千万不要忘记我们！愿同学们一路走好！

谢谢！

[范本四]在民警封闭式培训班结业典礼上的讲话

同志们：

为认真贯彻全国“二十公”、全省“二十八公”会议精神和《公安机关人民警察训练条令》，在分局领导的精心策划，相关科、室、所、队的紧张筹备和同志们的密切配合下，分局××××年民警首期封闭式培训班自×月×日正式开班，历时八天对民警进行执法办案、法律知识、警体技能、心理素质等方面的专项技能培训，现在全体参训民警已如期完成了所有科目的培训，我们首期培训班的工作就即将圆满结束了。

首先，谨由我代表分局党组，对首期民警封闭式培训班全面做个点评，总结开展民警教育培训班的做法和经验。

本期培训班前期筹备工作较为完备，局党组专门召开会议研究部署，筹备组也召集相关科室领导贯彻安排，为整个培训工作的顺利进行奠定了良好的基础。这一期培训班计划参训人数为×人。通过紧张有序的学习训练，从警务技能考核、体能测试和理论考试的成绩来看，警务技能考核方面，“六四”式手枪射击成绩的优秀率×％、及格率×％，搜身上铐成绩的优良率达100％；体能测试方面，100米跑成绩的优秀率×％、良好率×％、及格率×％，1000米跑成绩的优秀率×％、及格率100％，俯卧撑（仰卧起坐）成绩的优秀率×％、及格率100％；理论考试方面，成绩优秀率×％、及格率100％。这些成绩的取得，充分体现了我们的参训民警有一种强烈的求知欲望，有一种良好的学习态度，有一种刻苦的训练精神，达到了我们教育培训的预期效果。参训民警普遍反映，通过轮训，学到了东西，拓宽了视野，增强了能力。总的来说，好的方面有不少。具体可将举办这次民警封闭式培训班的成功经验概括为“五个到位”：思想到位、领导到位、内容到位、方法到位和奖惩到位。

第一、思想到位，上下形成共识。强化教育培训，迅速提高民警素质，乃是今后一段时间公安队伍建设的一项重要工作，是兴局强警的必由之路。开训前，分局党组一班人形成了向教育培训要素质，向素质要警力、要战斗力的共识，明确提出“要创平安，先强素质”的响亮口号，提出了“把民警教育训练作为队伍建设的生命线、公安业务工作的助推器和拉动××公安分局新一轮大发展的新增长点”的工作思路，把民警教育培训作为全局优先发展的战略任务来抓。为使全局上下统一思想，提高认识，真正明白“磨刀不误砍柴工”的道理，局党组狠抓宣传发动工作。针对部分中层干部一味强调警力不足，平时不注重提高民警素质的倾向，组织全局中层干部认真学习《中共中央关于进一步加强政法队伍建设的决定》和上级公安机关关于加强队伍建设的一系列指示精神，深入研究，广泛讨论。同时，召开会议专题研究民警教育培训工作，集思广益，群策群力，提意见，献建议。针对少数民警存在的抵触情绪、畏难情绪、思想障碍等情况，局党组还开展形式多样的教育活动。在开学典礼上进行训前动员，鼓舞士气，振奋精神，激励民警学员们集中精力参加培训。组织政工干部结合平时谈心，与民警沟通思想感情，解开思想疙瘩，消除畏难情绪，鼓励民警轻装上阵，努力学习；将奖惩激励机制引入教育培训中，努力营造良好的学习氛围，促进民警学员们你追我赶，争当第一。深入细致的思想工作，增强了广大参训民警的责任感和紧迫感，全局上下一条心，拧成一股绳，教育培训工作开展得红红火火。自报到以来，绝大部分参训民警都思想比较到位，能以最快的速度调整好心态，进入紧张而又活泼的学习训练状态之中，同时严格遵守各项学习训练及生活作息制度；都能将此次的培训作为一次工作之余难得的素质充电和精神放松，力争在培训中取得实实在在的收获，为投入今后的工作奠定更为扎实的素质基础。

第二、领导到位，提供组织保证。强化教育培训，提高队伍素质，关键在领导。分局党组能站在公安工作全局和战略的高度，认真抓好教育培训工作。一是成立组织。为确保教育培训落到实处，取得实效，分局成立了民警教育培训工作领导小组，由分局主要领导任组长，其他局领导任副组长，分局政工科、办公室、纪检监察室、法制科、治安大队、刑警大队等部门领导为成员的领导小组。领导小组办公室设在政工科，具体负责教育培训的计划、组织和实施等工作。首期培训班举办期间，分局由1名领导亲自带队，抽调政工、纪检人员组成工作小组进驻教育培训中心，与全体参训民警一起学习、生活，认真做好参训民警的管理考核和各项后勤保障工作。工作小组能认真履行职能，既严格对参训民警的学习、训练的组织、管理，又关心、爱护每一名参训民警，有力确保了各项教育训练工作安全、有序地开展。值得一提的是，工作小组的×××同志从进驻培训队以来，坚持在岗在位，严格抓好各项制度的落实，经常主动查铺，检查操场、课堂秩序。特别是培训工作后期，他喉咙发炎、口腔溃疡，仍坚持带病工作，精神可佳。×××同志为了使学员们吃得好、住得好，每天早晨5点钟就起床买菜，为培训班圆满完成培训任务提供了优质的后勤保障。二是摆上位置。分局党组把教育培训作为队伍建设的突破口来抓，像抓侦察破案那样，纳入分局党组的重要日程，并将其纳入岗位目标绩效考评工作责任制的重要内容。在今年政治工作要点中专门规划了实施“塑警工程”的工作思路，同时在今年的《××公安队伍正规化建设“十大规范”实施方案》中专门提出培养训练规范化建设的重要任务。在经费紧张的情况下，分局党组专门多渠道筹措资金，在××区派出所的积极配合下，建造出了现在这么一个拥有标准化的室外射击训练场、软硬件兼备的规范的民警教育培训中心。各科所队在日常工作任务十分艰巨和繁重的情况下，能合理安排警力，妥善解决工学矛盾，不折不扣地保证教育训练的完成。三是领导带头。全局基本形成了主要领导亲自抓，分管领导具体抓，政工科抓落实的工作格局。对教育培训方案，分局领导认真研究，反复讨论，并亲自出马邀请有关专家、教官和市局业务骨干到培训班授课，亲自做好思想发动。培训期间，还经常与民警谈心交心，发现问题，及时帮助解决。×局长还在百忙之中抽空看望了民警，了解民警的学习训练情况，嘘寒问暖，及时为训练队解决实际困难。四是措施有力。为抓好教育培训工作，分局党组重点把好三个导向：①舆论导向。一方面通过××晚报、××都市报和全××电视台等新闻媒体宣传民警教育培训工作，利用公布栏宣传教育培训工作中的好人好事；另一方面在强调重要性的同时，表扬先进，鞭策后进，调动参训民警的学习积极性。②政策导向。把岗位要求与民警素质挂钩，坚持将教与考剥离开来，同时坚持公开、公平、公正的原则，拟推行民警培训末位重训制。③激励导向。结合对每位参训民警进行综合考评，开展评选“优秀学员”活动，运用榜样的力量，促进民警自觉学习，提高素质，变“要我学”为“我要学”，形成了人人重视教育培训、个个主动参与教育培训的良好氛围。

第三、内容到位，突出培训重点。分局能按照“面向实战，讲究实用，追求实效”的原则，以素质教育为主线，结合形势和任务的需要，从实际工作出发，将学与做、知与行、学与用有机地紧密结合起来，现实斗争需要什么，就学什么、训什么、练什么，因需施教，因人施训，确定培训内容。所设置的培训课程针对性和实用性强。一是以“三个代表”为重点，注重提高民警的思想政治素质。首期培训班，我们除了开设关于“三个代表”重要思想的专题讲座外，还就“基层公安队伍建设和队伍管理现状及对策”课题和《公安机关人民警察内务条令》，向民警传授队伍建设和内务管理的基本知识，并组织学习《公安机关人民警察训练条令》，提高民警对加强学习训练、努力提高自身素质的重要性的认识。二是以法律法规知识为重点，注重提高民警的执法办案水平。在培训班中，通过以案释法、案例评析等多种形式，为参训民警开设了“治安行政强制措施和刑事强制措施的法律理解和适用”、《公安机关办理行政案件程序规定》等关于新的法律法规和办案程序的实用课程，组织观看了公安执法警示教育音像资料片。三是以警务技能培训为重点，注重提高民警的实战能力。着眼民警实战能力的提高，加大对警务专业技能培训的力度，着重开设了射击、搜查、盘查、缉捕、队列和《内务条令》内容演练以及体能训练等基本的警务技能训练课程。并开设了“法律文书及办案中应注意的问题”的专题讲座，帮助参训民警提高在公安执法办案工作中制作法律文书的技能水平。四是以心理保健知识为重点，注重培养和提高民警的心理素质。在民警教育培训中专设“民警心理保健和心理素质训练”课程，主要从明确心理健康的标准、具有发现“职业压力症”的能力、开设和管理好“感情账户”、不断提高自身的素质修养、掌握必要的心理调适技能等方面知识，向参训民警传授自我如何主动地调整好心态、调节好情绪和调适好心理压力的基本知识及其方法。这种针对警察心理保健和心理素质训练问题而开设专门课程的做法，体现了对民警真切的人性化关怀，在全省县(区)级公安机关尚属首次。

第四、方法到位，注重实际效果。在首期培训班中，我们将改革教学方法作为提高教育质量的重要手段，改变了传统的课堂式讲授、灌输式教学的方法，坚持把理论知识和业务实践相结合，课堂教学和自学自练相结合，注意运用民警喜闻乐见的形式去丰富授课内容，开展多媒体教学与案例教学、实战演练相结合，增强教育培训的实践性和感染力，努力把学员的理论知识转化为业务技能。在有的课程中，如《内务条令》部分内容演练、警务技能训练、心理保健课中，我们还推行情景模拟培训，通过问题式、启发式、互动式教学法，以及教师示范讲解、学员模仿操练等办法，提高了教育培训的质量。为调动民警学习兴趣，我们还在心理保健课的课堂上穿插进行了心理小测验活动。此外，在培训期间，培训班班部还适时组织了学员与局本部及外单位的篮球友谊赛，丰富了学员的课余生活，达到了劳逸结合的教学效果。

第五、奖惩到位，营造良好氛围。为树立良好的学习风气，营造浓厚的学习氛围，分局除了制定教育培训中心配套的规章制度外，还专门规定对教育培训中成绩突出的单位和个人给予一定的奖励和通报表扬，将本教育培训的成绩作为民警年终公务员考核、评功评奖和职务晋升的重要依据；反之，对每次考试考核末位和不合格的民警向其所在单位进行通报，并不予结业，暂缓发证，要求其参加补训，规定直到培训合格获取结业证书后才能上岗。通过各项规章制度和以上的奖惩措施，不仅保障了培训工作规范有序地进行，而且更有利于培养参训民警严谨细致的工作态度和令行禁止的战斗作风，使一个“人人争第一，个个怕落后”的良好氛围基本形成，端正了民警的学习态度，激发了民警的学习热情，涌现出了不少乐于奉献、刻苦训练的感人事迹。如：此次参训的民警中，有相当一部分民警是已婚的，有家庭负担，但是这些民警都能克服困难，妥善安排好家事，坚持参与此次培训；有的民警带病带伤参加培训，如×××同志是本期学员中年龄最大的，她本人腰椎间盘突出，仍坚持参加早操和训练，纪律制度也遵守得较好；还有的参训民警家属生病也顾不上看望等等。民警身上这种可贵的精神，有力地保证了培训任务的完成和效果的落实。不管是在理论学习，还是警务技能和体能训练中，参训民警都能以最积极的精神状态投入其中。大家均能认真听讲，做好笔记，勤学苦练，踊跃提出心中疑问，及时消化老师教授的知识，扎实掌握相关技能。在早晨出操和警务技能训练中，能克服久未锻炼、身体素质有所下降的实际困难，竭尽所能投入训练。在短短的八天中，大部分参训民警在各门课程成绩上都取得了明显的进步和良好的成绩。

以上讲的都是好的方面。“五个到位”的好经验值得以后举办培训班时加以继承和发展。但是我们在看到首期培训班的成效的同时，也要正视在办班期间实际暴露出的一些不足之处：比如，个别民警对培训的重要性认识仍然不足，认为此次培训可有可无，甚至认为是劳民伤财，个别民警还由此而产生厌学情绪，积极性不够强，学习不够投入；个别民警自我约束能力不高，将平时工作生活中自由、散漫的作风带到训练中来，不能从严自我要求、自我约束，在遵守培训班的纪律制度上仍有所欠缺；有的民警上课打瞌睡，集合列队时存在迟到、姗姗来迟的不良现象，训练中有的动作不规范、不利索，作风不严谨，有的还嘻嘻哈哈，这里我就不一一点名。

同志们，党的十六大提出了建立学习型社会，关注个人全面发展，实现全民学习、终身学习，并把这一条作为全面建设小康社会的重要文化目标。十六届三中全会又提出了要建立终身学习、全民学习的教育体系，这也是对抓好公安民警教育培训工作的新要求。大家务必要懂得这样一个与自身利益息息相关的道理：在知识型经济、学习型社会，提高自身素质和实现自身价值是时代的要求，自身素质要通过自觉融入学习教育培训活动来磨炼提高，而自身价值要通过爱岗敬业实现在自己的岗位上，实现在正在做的事情上，实现在自我加压中，否则便会被时代无情地淘汰。因此，本次培训班通过八天以来紧张的学习训练，虽然今天圆满结束了，但是大家加强自身学习锻炼、做好自我管理、自我培养、自我提高的任务并没有结束。希望大家能把在这次培训中所学的知识和掌握的技能，很好地应用到今后的工作之中，把好的学习训练作风带回到工作、生活中去，做到“练为战，战必胜”。同时，希望大家以后能倍加珍惜各种各样的学习教育机会，增强学习的自觉性和积极性，勤奋学习，刻苦训练，努力提高自身素质，实现个人全面发展，把自己培养训练成为与时俱进的学习型警察，在各种公安业务工作岗位上更好地发光发热做贡献。在各自岗位上实现自身价值的同时，有力地促进××区公安事业各项工作的整体推进，也就是实现“双赢”的目标——即民警个人全面发展期望值得到了满足，同时公安队伍的工作目标得到了实现。让我们共同为这一目标而不懈努力奋斗吧！

谢谢大家！

[范本五]党校毕业典礼上的讲话

各位老师、学员们：

××学院第三期党校经过一个多月的紧张学习，今天就要结束了。在此，我代表学校党委对顺利结业的学员们表示热烈祝贺！对为此付出辛勤劳动的各位授课教师、指导教师表示衷心的感谢。

下面，针对这次培训，我主要讲两个问题：一是本期培训的基本收获，二是给大家谈几点希望。

一、本期培训的基本收获

我们这次培训是在顺利贯彻党的十六大和全国人大十届二次会议精神之际进行的，整个培训共安排了四次大课，一次考试辅导，四次分组讨论，一次结业考试和总结交流。从大家学习、讨论、总结交流以及结业考试的情况看，绝大多数学员能够严格按照教学计划认真参加培训，总体上讲，达到了预期的目的。主要收获有以下几点：

第一、大家对中国共产党的认识更加系统、更加全面，理论水平有所提高。通过学习，把对党朴素的感性认识上升为理性认识阶段，能够较准确地理解党的性质、宗旨、奋斗目标、指导思想等党的基本理论，掌握了党员条件、入党程序等基本知识，了解了共产主义运动及中国共产党发展中一些基本史实，基本理解了从马列主义到毛泽东思想再到邓小平理论是一脉相承的理论体系和“三个代表”重要思想是我们党“立党之本、执政之基、力量之源”的深刻内涵。

第二、入党动机进一步端正。每一个入党积极分子在递交入党申请书的时候，可能有各种各样的心态，多数同志是抱着为人民服务、为共产主义奋斗的思想，但也有相当一部分人或者是随大流，或者是认为入党光荣，甚至今后可以做官、捞好处。我们说，有一些不正确想法并不可怕，关键是要不断提高正确的认识，并在实践中不断改正。通过党校学习，大多数同志理解了入党的真正涵义，树立起了正确的入党动机：只有为了献身共产主义事业，更好地为人民服务而要求入党，才是惟一正确的；认识到入党意味着奉献，下决心一辈子全心全意为人民服务，立志将自己的一生献给共产主义事业。在现阶段，就是要积极投入到建设中国特色社会主义的伟大事业中，为最终实现共产主义远大理想创造条件。

第三、共产主义信念更加坚定。通过学习、讨论，大家认识到，虽然国际共产主义运动发展历尽曲折，但马克思主义所揭示的人类社会发展的规律是不可抗拒的，它不以人的意志为转移。社会主义取代资本主义是历史的必然。

在中国，从马列主义到毛泽东思想，再到邓小平理论及“三个代表”重要思想，我们党在实践中摸索前进，为建设中国特色社会主义道路积极探索。其间党经历过挫折和失误，但可贵的是党不仅勇于纠正自己的错误，而且避免犯错误的能力越来越强。当前，我们正处在错综复杂的国际国内环境中，正因为有了邓小平理论这一当代马克思主义，有了党中央的坚强领导，我们才能坚定不移地贯彻执行发展才是硬道理。2001 年奥运会的成功申办、APEC

会议的顺利完成、成功地“入世”、2003 年成功抗击“非典”——这一切成就的取得都说明历史选择了中国共产党。经过半个多世纪的奋斗，党领导中国人民从站起来，到富起来，再到强大起来，正满怀信心地从一个胜利走向另一个胜利。

第四、弄清楚了党员的基本条件。通过学习，大家认识到共产党员既是人民中的普通一员，又不等同于普通老百姓。作为一名党员，必须认真履行党章规定的党员基本义务，充分发挥先锋模范作用，同时又要保持普通劳动者的本色，不能脱离群众，不能凌驾于群众之上，更不能把服务于人民的机会当成谋取私利的机会。

第五、通过学习，大家找到了自己今后要努力的方向，认识到争取入党最终要落实到我们的学习中，体现在各方面。不仅要认真学习党的基本理论，提高思想政治素质和党性修养，而且要学好专业知识，拥有为人民服务、报效祖国的本领；不仅要努力刻苦锻炼，拥有强健的体魄，而且要勤于实践，踏实为人民服务。新时期发展党员工作重在质量。对入党积极分子考验时间的长短，以是否具备了入党条件为准。申请入党，不能只停留在口头上，必须以实际行动向组织和群众展示一名入党积极分子的风采，让党组织考察你是否在思想上和行动上都达到了党员的条件。应该把为人民服务的热情同实事求是的态度统一起来，从自己身边的小事做起，扎扎实实地完成好组织上交给的教学、科研、管理工作，在群众中起好模范带头作用，通过努力，争取早日加入党组织。

我们这期党校×名学员经过培训、考核，初步统计有×名同学培训合格，取得结业证书。有少数学员因缺席较多等原因，没能达到培训提高的目的，不能结业。

二、几点希望

第一、希望你们面向新世纪，肩负起时代赋予的崇高责任，承前启后，继往开来，把我们党的伟大事业发扬光大。

大家知道，在新的世纪里，我们将沿着建设中国特色社会主义道路，全面建设小康社会，实现第三步战略目标，到本世纪中叶，基本实现现代化，建成富强、民主、文明的社会主义现代化国家。

实现这个宏伟目标，不仅需要现阶段全国人民的共同努力，而且更重要的是要靠我们年轻一代能够健康成长，担当起时代赋予我们的崇高责任。

当前，国际社会正在发生深刻的变化，世界多极化和经济全球化趋势进一步发展，科学技术突飞猛进，知识经济初见端倪，综合国力竞争日趋激烈；另一方面，冷战思维依然存在，霸权主义和强权政治还有新的发展，天下并不太平。要避免“落后就要挨打”，惟一的办法是不断提高我们的综合国力。

所有积极要求入党的年轻知识分子，一定要深刻认识我国的基本国情，继承和发扬党的艰苦奋斗的优良传统，增强历史责任感和使命感，任何时候都不懈怠创业精神，都不涣散奋斗意志，积极创造出无愧于时代和人民的业绩。

第二、希望大家要以本次培训为新起点，不断加强自己的党性修养，努力从思想上向党组织靠拢。

伟大的马克思主义者刘少奇同志的《论共产党员的修养》一书，是“培养合格的成熟的共产党员”的教科书，我们应该好好读一读。实践证明，在今天实行改革开放，建立和发展社会主义市场经济的条件下，共产党员的自我修养，不仅需要，而且更加迫切；不仅不能放松，而且需要进一步加强。要保持无产阶级先锋战士的本色，惟一的途径就是加强自身的政治、理论和思想、工作作风等各方面的修养。

我们看到，进入新时期以来，许多党员、干部之所以能够不为物欲所动，廉洁奉公，在改革开放和社会主义现代化建设中建功立业，像孔繁森、李国安、高建成等党员领导干部能够数十年如一日艰苦奋斗，无私奉献，成为共产党员的楷模，受到人民的爱戴，为党旗增添光彩，无一不是长期坚持刻苦修养的结果。而像成克杰、王宝森、胡长清等人，之所以走上腐化堕落的道路，成为历史的罪人，为党和人民所唾弃，又无一不是长期放松修养、放松世界观改造的结果。曾经猖獗一时的法轮功邪教组织，也有共产党员参与其中，这更说明作为一名共产主义战士持之以恒地坚持党性锻炼是必不可少的。在新的历史条件下，共产党员修养的根本途径仍然是学习和实践，特别要注意这样几点：

1. 坚持理论联系实际，把理论学习同思想意识修养和世界观改造紧密结合起来；

2. 学习历史，从中华民族优良传统文化中吸收营养；

3. 坚持运用批评与自我批评的武器；

4. 重大节，也要注意小节，防微杜渐。

党校培训的时间是短暂的，学习内容很有限，但这是一个新起点。我希望大家今后要善于养成良好的学习和思考习惯，以“三个代表”重要思想为指导，在学习中不断完善和提高自己；在思考中正确把握好方向，坚定对党的信念。

第三、希望大家时刻牢记党的宗旨，在各自工作岗位上努力工作，求实创新，为把我校建成国际知名、国内一流大学而奋斗。

近年来，随着我校改革与发展的不断深入，学校的办学质量进一步提高，在教学、科研方面，在建设优良校风、学风等方面都取得了令人鼓舞的成绩。全校师生正以求实创新的精神努力工作和学习，为把××大学建设成国际知名、国内一流的高水平大学而奋斗。

从当前国内的形势看，随着改革开放的不断深入，西部大开发已全面铺开，面对这一历史性机遇，我们西部高校应该怎么做呢？众所周知，西部大开发科教要先行。××大学是我国西部地区最著名的高校之一，在这次大开发中，理所当然应该充分发挥自身优势，为大开发提供强有力的科技、人才支撑；我们高校师生，不管是共产党员还是入党积极分子，也都应该积极投身于这次大开发的洪流之中，努力用自己实际行动和聪明才智服务于大开发。同学们，学校的改革与发展为大家提供了更好的工作、学习标准，西部大开发又为我们提供了施展才能的广阔天地，但是大学生的主要任务是学习，具有较高的业务知识水平，是更好地实践党的宗旨的客观要求，同时也是共产党员先进性的一种表现。学校党委希望你们在教学、科研和管理等方面，从我做起，从现在做起，为实现我们共同的理想扎扎实实地努力工作和学习。

第四、正确对待党组织的考验。

有的同志认为，参加了党校，就等于可以很快入党了。其实，能不能入党，关键是在工作、学习中能否起到先锋模范作用。希望你们今后要结合自身实际，对照党员标准，从严要求自己，努力全面发展。思想上高标准、高起点、高要求，行动上脚踏实地一步一个脚印，以自己的实际行动，争取早日加入党组织。我相信，经过努力，今天在座的许多同志能够很快达到党员标准，当然，也会有部分同志在短期内不能入党，但不要气馁，更不应动摇或怨天尤人，应该从自身找差距向先进同志学习，争取尽快达到党员标准。

同志们，在新世纪，历史给了我们机遇和挑战，让我们做好准备去拼搏吧！祝愿大家在为祖国做贡献、为人民服务、为学校争光的过程中早日加入中国共产党！

谢谢大家！

第十五章　欢迎词

【提示】

欢迎词是在迎接宾客的仪式或集会上，对宾客的到来表示热烈欢迎的一种社交礼仪演讲。欢迎词有利于双方沟通感情，开展工作。

欢迎词的开头是一些欢迎、感谢之类的客套话。然后讲明来宾来访的意义，或述说主宾双方的关系，或写明主客双方合作的成果等。结尾时要再次表示欢迎，或写一些祝愿和希望之类的话作结束语。

致欢迎词时要礼貌、亲切，流露出真情实感，而这种情感是发自内心的，是内心情怀的自然流露。因此，表情与言语要统一，不能虚假。如果与对方在原则、观点上存在分歧，也要委婉含蓄，不可直来直去，恶语伤人。

［范本一］婚礼迎宾词

各位来宾、朋友们，大家好！

大地香飘蜂忙蝶戏相为伴；

人间春到莺歌燕舞总成双。

时为春夏之交，期逢×月×日。桃红柳绿兮百花斗艳，莺歌燕舞兮万物峥嵘。姹紫嫣红正一年之美景，风和日丽恰千载之良辰。

××山下，轻歌曼舞；×江岸边，张灯结彩。

姻连秦晋，必敬当年垂曲礼；缘结朱陈，于归此日赋周南。佳偶天成兮鹿车共挽，良缘夙缔兮鸾凤和鸣。鼓乐吹笙，庆淑女于归而适君府;烹茗煮酒,宴雏凤高飞共建喜巢。

庭院拥华车,胜友如云;宾客移玉趾,蓬荜生辉。亲朋情深,甘忍劳顿临寒舍;好友义重,不畏跋涉驾长车。斗室蜗居兮,委曲容大驾;山肴野蕨兮,勉强成宴席。有如餐风宿露,无异脱粟留宾。深感礼重迎轻,愧对亲友;乃欣女肖郎贤,甚慰爹娘。虽有粗妆简奁,难尽人意;尚喜嘉宾贵客,皆悦吾心。

教女从今作妇克勤克俭,劝郎自此当家理事理财。喜庆翔凤乘龙两姓佳偶,欢欣妇随夫唱百年好合。祈盼俏女佳郎万事如意,恭祝亲朋好友一路平安!

[范本二]酒店开业午餐酒会迎宾词

尊敬的各位嘉宾,大家好:

一个人的精彩不叫精彩,一个人的世界不叫世界。人旺财旺家家旺,天福地福年年福。欢乐快乐时时乐,日发月发岁岁发。你旺我旺大家旺,一顺百顺事事顺,方可以家兴人兴事事兴。

今天,××酒店正式开业,作为酒店总经理,我感到十分荣幸。在此,我谨代表全体员工,对各位嘉宾的光临,表示热烈的欢迎,对酒店的开业表示衷心的祝贺,对日夜奋战在酒店施工现场、为酒店顺利投入运作而付出全部精力和时间的所有员工及有关协作单位,致以诚挚的谢意!

公司成立于××××年,经过十几年的成长和历练,业务范围不断扩大,从初期的房地产开发、装饰设计,到建筑施工、物业管理服务,再到近年涉足的包装工业、餐饮业、高尔夫球练习场等,无不体现××人的勤奋和上进精神,而××商务酒店的正式开业,对推进公司的进一步发展,将具有重要的意义。

酒店总面积超过×万平方米,拥有设备完善的客房和服务式公寓套房××间,康乐休闲设施包括多功能会议中心、迷你影院、中西餐厅、阳光泳池、足浴、棋牌、歌厅酒吧、舞蹈室、健身室、桌球乒乓球室和羽毛球场等，适合短暂商务停留或中长期居住，再配合现代风格的建筑设计，可谓主题、内容、需求相符；而在我市大力推进旅游经济发展的今天，亦可谓天时、地利、人和兼备。

未来的日子里，我们会努力提升酒店的服务和管理质量，以更高的目标建设××的各类项目。也希望能够得到在座各位一如既往的关怀和支持。

尊贵的先生们、女士们、朋友们：打开距离，打开空气，打开翅膀，打开局面，打开荣耀，打开××啤酒——干杯。

谢谢！

[范本三]商厦迎宾词

尊敬的各位来宾、朋友们：

经营有术不在店堂大与小；贸易无欺全凭货物美又真。

××商厦全体员工热烈欢迎您的光临，并向您致以崇高的敬意！

早晨的一切都是美好的。感谢您把这一天中最美好的时光留在××商厦。

无论您是谁，无论您来自哪里，只要您步入“××”，就是我们的朋友，就是我们的“上帝”，我们都将竭诚为您服务，向您献上我们的真诚和爱意。今后，您若工作繁忙，只需拨打一次电话，我们将按照您的吩咐，把温暖送到您的家里。

精美齐全销春夏秋冬之货；热情周到迎东西南北之客。

女士们、先生们，亲爱的顾客朋友们，再一次地感谢您把最美好的时光留在××商厦。

谢谢大家！

[范本四]笔会迎宾词

尊敬的各位老领导、老前辈：

四月芳菲，翰墨飘香。在这春风送暖、百花吐艳的谷雨时节，××风景区敞开热情的胸怀迎来县老年大学采风笔会召开。在此，我谨代表××党委、××管委会向前来参加笔会的各级领导、老前辈们表示热烈的欢迎和衷心的感谢！

今天，各级领导、老同志们齐聚××风景区，以文会友，以墨传情，将人们关注的眼球投向了清新秀美的××风景区。令我们深受感动和鼓舞的是有些老同志，不顾年事已高，体弱多病，从儿孙缠膝的天伦之乐中抽身赶来，迎着暮春的寒风而来，用饱蘸深情的笔墨，一觞一咏尽情挥洒对××风景区无限的挚爱，正是你们这种"老有所乐，老有所为"的精神，倍增了我们加快××风景区发展的信心和动力。

群贤雅聚，笔墨生辉。我们将在县老干部局和老年大学的共同努力下，精心办好这次采风笔会，让大家进一步真真切切感知××风景区，触摸××风景区，激励××风景区。使笔会成为大家友情的相会、心灵的际会、共同提高技艺的切磋会，成为联系各位老前辈的桥梁和纽带。衷心希望各位不吝手中的笔墨，尽情挥洒，纵情讴歌；同时，也衷心希望你们能一如既往地关注××风景区的建设发展，以你们几十年风雨砥砺的人生阅历，为××风景区的发展献计献策，给我们的工作多提宝贵意见。最后，再一次向各位尊敬的老前辈们表示热烈的欢迎，祝各位老前辈们身体健康，愿你们如青松不老，古枫吐艳，晚菊傲霜，漫步人生夕阳红！

谢谢大家！

[范本五]艺术节迎宾词

各位领导、各位来宾、朋友们：

伴着“六一”的钟声，我们走过了×个春秋，带着满腔的激情，我们迎来了××学校第×届×××艺术节！六月似火，热情奔放，我们似有万语千言欲吐为快，似有万千才艺欲展方罢。“六一”是少儿的盛典！是他们尽展时代风采的时刻，是他们尽显××校新貌的良机。人逢喜事精神爽，我们师生怎不为此而载歌载舞，怎不让欢乐与激情荡漾在××校的上空？

寒暑更替，万象更新。新世纪的××校今非昔比。我们舍弃了那低矮的院落，建起了高大的楼房；舍弃了粉笔加书本的模式，运用了电脑加双手的方法；舍弃了只重语、数的思想，引入了素质教育的春风。你看，那幢幢新房、台台微机、阵阵琴声、琅琅书声不是最好的见证么？人们都说：“海阔凭鱼跃，天高任鸟飞”。孩子们在这现代化的校园里尽情地徜徉，尽觅知识的琼浆，尽展想像的翅膀。祖国的雏鹰在这里为将来的雄鹰展翅高飞打下了坚实的基础。老师们在这现代化的校园里沐浴着教改的春风，用颗颗爱心，用毕生精力滋润祖国的花朵。人们怎不为今天的××校而欣喜，而自豪！

今天，我们情相同，我们心相印。我们怀着满腔热忱，带着深深爱意，为着××校的发展，为着祖国的未来走到一起来了。你们带来了无限期盼，定将带去开心的笑容。让我们共同祝福××校的明天会更好，祖国的将来更昌盛，我们的心情更美好！

××学校欢迎你的到来！

第十六章 欢送词

【提示】

欢送词是在欢送仪式上，对离去者表示热情欢送的一种社交礼仪演讲。它既是对离去者的一种尊重，也是巩固彼此友谊的一种方式，同时也能使听众在演讲中受到激励，唤起他们对工作、学习、事业的高度责任感，激发他们工作的主动性、积极性和创造性。

欢送词的开头应表示对离去者的热情欢送。然后讲清离去者所从事的工作、意义及双方合作的成绩。

致欢送词时要做到：简短、明快，切忌言语拖沓，篇幅冗长；要礼貌、真诚，从开头称呼到结尾祝福都要体现出尊敬和亲切的感情，切忌语言粗俗，表达冷漠；语言要生动，并适时地运用幽默言辞，以营造一种愉快轻松的气氛。

［范本一］送同事欢送词

同志们：

今天，我们召开隆重的欢送会，欢送曾经与我们风雨同舟，共同奋斗，如今又奔赴新的岗位开拓创业，勇谋发展的五位战友。在此，我代表××镇党委、政府、人大，及全镇干部、全镇人民，向曾经为××镇的发展、建设做出了无私贡献的五位战友表示诚挚的感谢！

借此机会，我要说以下三点：一是感谢。××镇的发展变化，凝聚了同志们的艰苦创业、辛勤耕耘；凝聚了以××书记为首的××前任领导的深谋远虑，精心谋划。同志们卓有成效的工作，创造了××镇今天大好的发展局面，为××镇的发展打下了良好基础，使我们得以站在一个较高的起点，谋求更大的发展。××镇的发展基础如此深厚，发展前景如此美好，是前任领导和同志们创下的基业，我代表新一届党委班子表示诚挚的感谢。二是表态。从前任手中接过建设更加美好、和谐××镇的大业，我深感责任重大，新一届党委班子也深感压力，我们将倍加珍惜来之不易的大好局面，继往开来，不负重托，以对县委、县政府，对全镇人民高度负责的态度，精心谋划××镇未来五年的发展蓝图，着力推进××镇的项目建设，推进××镇的城市化进程，努力提高全镇人民的生活质量，开创××镇经济社会的全面繁荣新局面。三是请求。从我们××镇调出的五位战友，虽然不在同一个战壕里，但仍在一个战场上；虽然没有在××镇这一片屋檐下，但仍在全县工作的同一片蓝天里，我衷心地请求：各位工作在全县不同领域的战友们，能继续关心××镇，支持××镇，为××镇的发展提出宝贵的批评、建议，来××镇看看，来××镇做客。你们的工作岗位虽然不在××镇，希望你们的心一直牵挂××镇，××镇永远是你们温馨的家，你们温暖的床，你们工作疲倦时歇息的港湾。

最后，祝同志们 工作顺利！身体健康！家庭幸福！万事如意！

谢谢大家！

［范本二］在欢送挂职干部会议上的致辞

同志们：

今天，是一个让我们非常高兴而又非常伤感的日子。我们高兴，是因为在我镇挂职的××书记，圆满地完成了挂职任务，将要调回原工作单位；我们伤感，是因为××书记这样一位优秀的领导干部，就要和我们分开了。

××书记作为市直第×批驻××县下派工作队员，在挂职的一年半时间里，对××做出了重要贡献，这是有目共睹的事情；××书记为基层献身的敬业精神，值得我们每一位领导干部、机关干部学习。××书记刚到××来报到的时候，正是全镇“四纵一横”道路建设和××河河道治理拆迁工作全面铺开的时候。放下铺盖卷，他就和全镇机关干部一块投入到了紧张的工作中，和同志们一起，早上 6 点就上班，直到晚上 8 点多才吃饭，没有星期天，没有节假日，一干就是两个多月。工作中，拆迁遇到困难，××书记带头去做工作，有什么累活重活，他带头挑难的干，从不叫苦喊累，也从没因“挂职”而讲条件，而是把自己当成真正的××人，真正为××的建设和发展贡献自己的才智和力量。

作为一名党员，无论是在工作和生活上有多大的困难，××书记从没向组织讲过任何条件，提过任何要求。××书记刚来××挂职时，妻子和孩子都留在××，妻子身体有病，孩子上学需要照顾，而他本人也是刚参加了第×批下派工作队。这些实际情况，不管哪一项，只要他提出来，组织都会照顾。他不但从未提过，在第×批下派工作队报名时，他第一个报名参加，用他的话说就是：党员，就要以党的事业为重。到××挂职以后，不能及时回家，妻子和孩子没人照顾，只得托邻里帮忙，自己全身心地投入工作。后来，他说服妻子和孩子，克服乡镇条件差、生活不便的困难，把家搬到××“落户”。这以后，××书记更是轻装上阵，深入基层，扎扎实实干工作，把我镇的精神文明工作搞得有声有色，对全镇精神文明建设做出了重大贡献。在这里，我代表全体机关干部和全镇人民，向××书记表示衷心的感谢！

××书记挂职期已满，就要离开××镇了，这是我们××镇全体人民的遗憾。不过想到他将在更为重要的位置上去发挥才干，我们都感到欣慰，并且都为他感到高兴。

希望××书记到新的工作岗位以后，也能继续关注××镇，支持××镇的发展。祝愿××同志在新的工作岗位上，工作顺利，前程似锦，万事如意！

[范本三]导游欢送词

各位游客：

我们的旅程马上要结束了，作为导游的我也要跟大家说再见了。临别之际没什么送大家的，就送大家四个字吧。第一个字是缘，缘分的缘。俗话说“百年休得同船渡，千年修得共枕眠”。那么和大家7天的共处，算算也有千年的缘分了！接下来这个字是原谅的原。在这几天中，×导有做的不好的地方，希望大家多多包涵，在这里说声“对不起”！再一个字就是圆满的圆。此次行程圆满地结束，多亏了大家对我工作的支持和配合，在此我要说声“谢谢了”！最后一个字还是源字，财源的源。祝大家的财源犹如滔滔江水连绵不绝，也祝大家工作好，身体好，今天好，明天好，现在好，将来好，不好也好，好上加好，给点掌声好不好？

虽然舍不得，但还是不得不说再见了，感谢大家几天来对我工作的配合和给予我的支持和帮助。我自问是一个有责任心的人，但是在这次旅游过程中，还是有很多地方做得不到位，比如说××时候我如何如何了，大家如何如何帮助我；××时候我又有什么疏漏，大家不但理解我而且还十分支持我的工作，在此不用一一枚举了，就是这些点点滴滴的小事情使我感动。也许我不是最好的导游，但是大家却是我遇见的最好的客人，能和最好的客人一起度过这难忘的几天也是我导游生涯中最大的收获。作为一个导游，虽然走的都是一些自己已经熟得不能再熟的景点，不过每次带不同的客人却能让我有不同的感受。在和大家初次见面的时候我曾说，相识即是缘，我们能同车而行即是修来的缘分；而现在我觉得不仅仅是所谓的缘了，它还是一种幸运，能为最好的游客做导游是我的幸运。

我由衷地感谢大家对我的支持和配合，其实能和大家达成这种默契真的是很不容易。大家出来旅游，收获的是开心和快乐；而我作导游带团，收获的则是友情和经历，我想这次我们都可以说是收获颇丰吧。也许大家登上飞机后，我们以后很难会有再见面的机会，不过我希望大家回去以后和自己的亲朋好友回忆自己的××之行时，除了描述××如何美丽，××的历史是如何饱经沧桑之外，不要忘了加上一句，在××有一个导游××，那是我的朋友！

谢谢大家！

［范本四］给大学毕业生的欢送词

各位领导、老师、同学们：

首先让我代表全班同学对各位领导和老师的到来表示热烈的欢迎！

各位学长，时光如流水般转瞬即逝，你们四年的大学生活即将结束，此时此刻的心情一定非常激动！四年来，伴随着恩师的教诲，你们知道了怎样做人、学习；四年来，伴随着朋友的关怀，你们知道了怎样交往、生活。在即将离开这美丽的校园，和慈爱的老师、友好的同学道别的时刻，我要说：

希望你们能记得母校，这个曾给予我们知识和能力的殿堂；

希望你们能记得，为了你们的成长而辛勤耕耘的领导和老师；

希望你们能记得，在校四年所结下的深厚情谊。

然而，时光无情。

离别的心是隐痛的，分别的情是伤感的。但有一句话说得好，今天的分离是为了明天更好地相聚。

一粒种子总要找到一片适合自己生长的土壤，因为只有在那里它才能开出更加鲜艳的花朵；一滴水总是要回归大海，因为只有在波涛汹涌的大海中它才能绽放出生命的光彩。而你们又何尝不是，学校只是暂时的港湾，前方的路还很长，还需要你们去跋涉，去征服。在这离别的时刻，让我代表全体学弟学妹们向你们送上诚挚祝福：祝你们一路顺风、前程似锦。

大学生活的故事与心情对于每个人来说都是一首唱不完的歌，而明天又有太多太多的故事需要你们去撰写。无论角色如何，只要心中拥有一片希望的田野，你的勤奋耕耘终将收获一片翠绿。

今晚时光美好，今晚感情真挚，今晚酒色醇香。此时此刻我提议：让我们共同举杯，为我们美好的明天而干杯吧！

希望各位今晚都能玩得开心，聊得畅快！

最后祝大家在以后的日子里都能快乐伴随每一天。

谢谢！

[范本五]初中毕业欢送词

同学们：

又是牡丹花开，又是离别的季节，初三的哥哥姐姐们即将离开学校，踏入未来崭新的旅程。三年的初中生活说长不长，说短也不短。但那点点滴滴的回忆，就像跳动于五线谱的音符，有高有低、有起有落，在那点点滴滴的回忆里，既有欢乐笑声，也有失意、难过。让曾经的一切化为你们一生中最美好的回忆吧！三年前的轻浮急躁，三年后的成熟稳重，是用岁月和每位老师的心所编织而成的，或许，这就是“××中学”送给你们最好的礼物吧！

花开花落，花落花开。在校园各个角落，都曾印下你们的身影，如今，你们即将毕业，少了你们的琅琅读书声，校园该如何寂寞？

毕业，是人生的一个转折点，但愿你们能展开双翼，飞得更高、看得更远。

相聚，虽然不是永恒；离别，却也不代表永远。对你们的不舍，早已化为无限的祝福和力量，伴着你们登上更高的阶梯。虽然仍有艰苦的挫折和考验，但你们一定会化险为夷，登上人生的最高峰，因为有我们随时与你们同在。

经过三年的春耕夏耘，你们迎来了收获的时刻。“宝剑锋从磨砺出，梅花香自苦寒来”。如今，宝剑在手，寒梅飘香，九年的学海遨游，深夜里的孤灯奋战，夏日的涔涔汗水，父母亲的声声叮咛，师友们的殷殷期盼，都将化作无穷动力，鼓励你们前行，激励你们成功。你们要相信自己的实力，坚信真金不怕火炼，不要让自己的初中生活留下遗憾。

当你们走出××中学大门时，别忘了，笑着接受我们最深最真的祝福！

祝福你们乘风破浪，迎向那充满灿烂多彩的未来！

[范本六]在欢送朋友茶话会上的讲话

各位同志：

俗话说，相见时难别亦难！在今天这个欢送老战友、老学友、老朋友×××同志的茶话会上，我先带头“话别”，抛砖引玉——引金砖！

×××同志是属牛的。无巧不成书，他给我们的印象也是诚实的、正直的、善良的、无私的，是一头拉硬套的老黄牛！

几年来，×××同志如牛负重：照顾病妻，抚养幼子，赡养老人，但他拉革命的车从没松套！在他的新闻干事岗位上，呕心沥血，辛勤笔耕，爬格子、绞脑汁，可谓烟熏火烤著文章，水酒淡茶笔生花！那早生华发的头顶，就是他辛苦耕耘的“知识天地”；那早现的皱纹、“鱼尾”就是他遨游书海的余波。

有句顺口溜：“有女莫嫁记者郎，一年四季守空房，偶尔一次回家转，抱回一堆脏衣裳！”我们的×××同志也是这样的记者郎。几年来，他跋山涉水、栉风沐雨，足迹遍及××警营，屡过家门而不入。正因为如此，广大武警官兵才送了他一个名副其实、恰如其分的雅号——永不松套的老黄牛！

然而，他不光是一头老黄牛，更是一匹千里马！是一匹有胆、有识、有德、有才、政治敏锐、魄力超群、啸天腾地的千里马！这是早被他的奋斗所证明了的：那各级报刊上的铅字，各级电台中的声音，各种画报里的身影，不乏×××的名字！

而且，值得引以自豪的是，这匹上好的千里马最初还是本人发现的！可眼下，“伯乐”却要跟千里马告别了，我的内心非常留恋、非常复杂。

然而，我也感到欣慰。千里马已近而立之年，正是血气方刚之时，应该奔向广阔的天地去奋蹄，去驰骋，去竞争，去建功立业，去夺取无愧于千里马称号的荣誉！

谢谢！

第十七章　开幕词

【提示】

开幕词是党政机关、社会团体、企事业单位在会议开始时，由会议主持人或主要领导者向大会所作的重要讲话。开幕词是整个会议的序曲，推进和左右会议的进程。

开幕词的行文方式主要包括以下几个方面：

1. 开头。包括对与会者的称呼、宣布会议开幕、介绍参加会议人员、交待会议的筹备情况等。

2. 主体。讲清会议召开的时代背景、历史环境；交代会议的议题和过程；提出与会的有关要求；阐明会议指导思想，提出以后的方针、路线和任务。主体部分篇幅长、容量大，要整体考虑、统筹安排。

3. 结尾。向与会者发出号召，提出希望与要求，祝愿大会成功。

开幕词往往定下了整个会议的基调，因此表达时要根据会议主题营造与之相适应的气氛。语言力求简洁明快，亲切热情，做到口语化，多选用富有鼓动色彩的句式，以传达出热烈、奔放的感情色彩。

[范本一]公司首届文化节开幕词

各位领导、各位来宾、朋友们：

深秋××，金色尽染。在如画的××绿化广场，我们怀着无比喜悦的心情欢聚一堂，共同庆祝××公司首届文化节隆重开幕。

借此机会，我谨代表××公司党委、××公司向前来参加文化节开幕式的各位领导、各位原××公司老领导、各位朋友，表示热烈的欢迎和衷心的感谢！

××公司作为××东部石油发展史上的一颗璀璨明珠，今天已走过了×个春秋。×年来，自强不息的××各族石油儿女为××石油工业的发展创造了一个又一个辉煌，先后发现火烧山、北三台、马庄、彩南、沙南等油气田，实现产能达×万吨。今天，一个拥有近×万人口的石油基地，在我们××石油人的建设下，又正向人文化、科技化、现代化的目标迈进。作为××公司，在企业的改革、发展的道路上，虽然也有过迷茫、徘徊，但发展是我们永远不变的追求。沉舟侧畔千帆过，病树前头万木春。在××公司党委的正确领导下，×多万名各族干部职工迎难而上，团结协作，艰苦奋战，开拓拼搏，使××公司从低迷、徘徊中走了出来，并一展当年雄风，在企业的生产、经营、管理、市场开拓等方面都取得了可喜的成绩，呈现出良好的发展态势。通过几年的改革与发展，职工的思想观念发生了根本转变，企业管理进一步提升，市场份额不断扩大，经济效益逐步提高，职工收入明显增加，群众思想趋于稳定。各族职工艰苦奋斗、顽强拼搏、团结奉献的精神面貌和可歌可泣的生动事迹处处体现，精神文明建设和企业文化建设呈现出了一派生机勃勃、欣欣向荣的新气象。今天，××公司党委举办这次文化节，就是希望××公司的各族干部职工要珍惜当前的大好形势，着眼未来，放眼未来。通过文化节来鼓舞士气，振奋精神，以此不断提高队伍团结拼搏开拓创新的战斗力，激发起全体职工超越发展、奋发向上的进取精神。

本届文化节的主题是"团结、拼搏、超越、发展"。其意义就在于，要继承石油人团结拼搏、艰苦奋斗的优良传统，发扬与时俱进、开拓发展的创新精神，开拓团结协作、和谐发展的企业关系和企地关系。通过文化节，培育以人为主体，以价值为核心，以文化为引导，以规章制度为保证的现代企业文化，形成公司强大的凝聚力和原动力，从而树立起共同的企业追求、共同的行为准则、共同的道德规范，共同的责任感、荣誉感为内容的现代企业文化理念，营造公司“三个文明”建设协调发展的和谐环境。

我衷心地希望公司各单位、公司各族干部职工积极参与到公司首届文化节中来，尽展雄风，拓展素质，大展才艺。我也相信，通过公司各族干部职工的共同参与和努力，××公司首届文化节一定流光溢彩、绚丽夺目。

最后，祝××公司文化节举办得热烈精彩、圆满成功！

祝各位领导、各位来宾、同志们身体健康，吉祥如意！

[范本二]企业职工运动会开幕词

同志们：

××年风雨创业路，半世纪拼搏铸辉煌。在这金秋收获的季节，在××总公司××年华诞到来的喜庆日子里，××总公司第六届职工运动会今天隆重开幕了。在此，我谨代表总公司党、政、工领导和全体职工，向莅临大会的各位领导、各位宾朋表示最热烈的欢迎！向全体运动员、裁判员、工作人员表示深切的敬意，对坚守在供水工作岗位上的全体职工表示亲切的慰问，你们辛苦啦！

近年来，总公司在上级党委、政府的领导下，坚持以邓小平理论为指导，深入学习贯彻党的十六大精神和“三个代表”的重要思想，弘扬“团结奋斗、创新进取、服务奉献、勇争一流”的企业精神，进一步深化了企业内部改革，圆满地完成了供水生产经营各项任务，为××市经济发展和居民生活提供了良好的服务，在社会上树立了良好的企业形象，精神文明建设有了新的进步，企业文化建设有了长足发展，每两年举办一次职工运动会已形成制度并深入人心。各种形式的文体活动的开展，增强了企业职工思想凝聚力和向心力，锻炼了职工强健的体魄，培养了职工爱祖国、爱企业的集体主义精神，促进了总公司双文明建设的发展，也积极推动了全公司"全民健身运动"的蓬勃发展。建设了一支强健而高素质的职工队伍，促进了城镇供水事业的发展。

我们这次运动会是总公司×周年系列庆典活动之一，也是总公司广大职工的一次体育盛会，有×名运动员将分别参加各个项目的角逐，参赛单位有总公司各基层单位，××供水有限公司、××原水有限公司也应邀参加这次盛会。各参赛选手在供水战线上是主力军，在文化体育活动中是骨干，在企业文化建设中起着积极作用，将在绿荫赛场上一展英姿，为总公司争光添彩，为本单位争得荣誉。我希望全体运动员、裁判员以及与会的全体同志坚持友谊第一、比赛第二、公平竞争的原则，遵守赛场纪律、遵守比赛规则，顽强拼搏、勇于争先、赛出风格、赛出水平，以优异的成绩展示出供水职工的风采，向总公司×年庆典献上一份厚礼！为促进城市供水事业的发展做出更大的贡献！

最后，预祝全体运动员取得优异成绩！

预祝本次运动会取得圆满成功！

[范本三]职代会开幕词

各位代表、同志们：

在阳春三月，万象更新之际，××市第×届职工代表大会第×次会议在这里隆重召开了。在此，我代表大会主席团向大会表示热烈的祝贺，并向参加会议的全体代表及全市各条战线广大职工群众致以亲切的问候！

自×届职工代表大会以来，全市广大职工群众认真学习贯彻党的十六大精神，全面践行"三个代表"重要思想，在市委和市政府的正确领导下，按照×届×次职代会所确定的工作思路，上下一心，团结协作，与时俱进，开拓创新，在取得抗击“非典”胜利的同时，又获得了经济效益稳步增长和社会效益全面进步的骄人业绩，为全面建设小康社会赢得了良好开端。

××××年，是我市全面贯彻落实党的十六大和十六届三中全会精神，深化改革，加快发展，大力实施加快建设小康工程的重要一年，也是实现“十五”计划的关键一年。在新的一年里，继续团结和动员广大职工群众，紧紧围绕经济建设这个中心，解放思想，努力拼搏，艰苦奋斗，争创佳绩，是本次职代会的重要任务。因此，这次大会的指导思想是：以邓小平理论和“三个代表”重要思想为指针，以党的十六届三中全会精神为指导，认真贯彻落实××工作会议部署，坚定不移地推动党的全心全意依靠工人阶级根本指导方针的贯彻落实，组织和动员全市广大职工群众紧紧围绕市委和市政府的工作思路，进一步解放思想，转变观念，扎实工作，求实创新，使全市在企业改革上有新突破，在企业管理上有新举措，在五大产业上有新发展，在招商引资对外开发上有新思路，在小康建设工作上有新成果，为加快小康步伐，推动我市经济快速发展而努力奋斗。这次会议的主要议题是：

1.听取和审议《行政工作报告》。

2.听取××资金使用情况、集体合同执行情况、业务招待费支出情况、厂务公开执行情况的报告和××年奔小康责任指标考核的说明。

3.听取××××年提案审查处理情况和××××年提案解答报告。

4.审议决定××××年职工福利基金使用情况及××××年安排意见。

5.审议决定××××年财务决算和××××年财务预算报告。

6.民主评议企业副处级以上领导干部。

7.签订××××年集体合同。

8.审议通过其他各项议案。

各位代表、同志们:认真协商讨论新一年全市的各项工作,动员广大干部职工群策群力,和衷共济,加快建设小康的步伐,是我们这次会议神圣的历史责任。希望与会的各位代表不负重托,以高度的政治责任感,充分行使民主权利,积极建言献策。相信在市委的正确领导下,经过我们全体代表的共同努力,会议确定的目标一定能够实现,也一定能够把这次会议开成一个民主团结、求真务实、开拓奋进的大会。

预祝大会圆满成功!

[范本四]乡镇人代会开幕词

各位代表、同志们:

新的一年,新的开始。今天,我们迎来了××镇第×届人民代表大会第×次会议的隆重召开。

在此,我谨代表××镇党委、政府向来自全镇各条战线的代表,及亲临会议指导的各位领导、社会各界人士表示热烈的欢迎!同时对这次大会的全体工作人员表示衷心的感谢!

各位代表,今年是我们全面贯彻实施党的十六大和全面建设小康社会、努力推动我镇经济持续向前发展关键的一年。如何以经济建设为中心,加大本镇关于××的发展思路的实施力度,实现本镇经济的新发展、新突破是我们今后各项工作的重点。因此,本次会议的主要任务是:听取并审议镇人民政府和人大主席团的工作报告;听取并审议《××镇人民政府关于实现林业跨越式发展实施意见》的报告;审议、审查镇人民政府财政预决算报告。全面总结去年的工作,明确今年的目标,部署今年的任务。动员全镇党员干部和各族人民群众,统一思想、明确目标、凝集力量、开拓创新,为××镇全面建设小康社会而奋斗。

这次会议对于我们承前启后、继往开来,加快全镇经济社会持续、健康、协调发展,具有极其重要的意义。当前,我们面临非常难得的发展机遇,同时也将担负十分艰巨的工作任务。全镇广大党员干部和工作人员必须在实际工作中经受住各种困难和风险的考验,敢于解放思想、与时俱进,积极团结和带领全镇各族人民群众开拓创新、勇往直前,不断更新观念,求真务实,在县委"农业稳县、工业立县、旅游名县、口岸活县、文化强县"发展思路的指引下,坚定不移打基础,兴科教,大力发展特色经济,加快旅游资源的开发,以边贸、集镇、旅游、能源、交通为突破口,使我镇经济建设取得新的发展和长足的进步。

人民是国家的主人,人民的利益高于一切。大会所进行的每一项议程都是人民群众参与管理国家事务的过程,相信我们每一位代表都会从大局出发,充分发扬民主作风,认真履行自己的职责,行使自己的民主权利。通过各位代表的共同努力,我们一定能圆满完成会议的各项任务。

预祝本次大会取得圆满成功!

[范本五]校运会开幕词

同学们:

天高气爽,金桂飘香。在举世瞩目的"神舟5号"载人飞船胜利升空的大喜日子里,我们豪情满怀地迎来了第八届学校田径运动会。首先,我谨代表本届运动会组委会向全体运动员、裁判员、教练员和大会工作人员致以崇高的敬意和亲切的问候!

体育是一个国家精神文明建设的重要方面,是民族素质、人民精神面貌的集中体现,而学校体育则是一个国家体育工作的基础和重点。办学几年来,我校全面贯彻党的教育方针,积极推进素质教育，切实采取有效措施，把体育摆到学校工作的重要位置。教师队伍充满生机，体育设施不断完善，推动着学校体育工作的蓬勃发展。在去年开发区第二届中小学田径运动会上，我校夺取了初中组团体总分第一名和广播操比赛第一名；××市首届中小学生定向运动赛，我校获得初中组团体第二名和体育道德风尚奖。上个月，我校参加××市"××杯"体育传统项目中学生健美操比赛，又荣获了市级第一名的优异成绩。让我们以热烈的掌声，向为我校争光的体操健儿和教练员，表示衷心的感谢和祝贺！

本届校运会场地小，赛程短，任务重，参赛运动员共有×名，分9个单项6个组别，赛前还将举行入场式的评比和广播操比赛。希望全体运动员发扬"团结、友谊、奋进"的良好风格，弘扬"更高、更快、更强"的体育精神，严格遵守竞赛规程，自觉服从裁判，顽强拼搏，赛出风格，赛出水平。希望裁判员以严谨、公正的态度自始至终做好裁判工作。大会工作人员要各尽其职、通力合作，为大家提供优质服务。同时更希望全体同学提高安全意识，做文明观众，使本届校运会开得安全、文明、有序、高效。

最后，预祝本届校运会圆满成功！

谢谢大家！

第十八章 闭幕词

【提示】

闭幕词是党政机关、社会团体、企事业单位等在会议即将闭幕时，由有关领导人或德高望重之士做的总结性讲话。闭幕词是会议的尾声，标志着整个会议的结束。

闭幕词分为三部分：

1. 开头。首先是对与会人员的得体称呼，然后说明会议已完成预定任务，就要胜利闭幕，接着阐述会议进程的情况、意义与影响等。

2. 主体。主要内容是总结会议讨论通过的主要事项和基本精神，向与会人员提出贯彻执行会议决定的要求等。

3. 结尾。主要是发出号召，提出希望，表示祝愿，致以谢意，宣布结束。

致闭幕词要简洁明了，点到为止，不可拖泥带水，切忌画蛇添足；要语调高昂，贯注热情，充满鼓动性和号召力。如果能即兴演讲，诙谐幽默，更可收到意想不到的效果。

[范本一]学校秋季运动会闭幕词

各位领导、老师、同学们：

经过一天的拼搏，在全校师生的共同努力下，我校××××年秋季体育运动大会即将胜利闭幕。这是一次团结的大会，一次胜利的大会，是我校一次继往开来的体育盛会。这次大会充分体现了我校团结、祥和、进步这一主题。展现了全体师生积极进取、顽强拼搏、奋发向上、勇攀高峰的旺盛斗志。在这里，我首先向取得优异成绩的班集体和同学表示最诚挚的祝贺！并向全体大会工作人员，和积极参与本次运动会的老师、同学表示衷心的感谢！

这次体育运动大会是对我校师生的一次检验，我校师生在本次运动会上表现出了较高的体育道德风范。今天的运动场上到处都洋溢着师生的欢声笑语，但在这背后，蕴涵着全体体育教师多天来的辛勤汗水，他们为筹备这次运动会精心训练运动员，认真规划体育场地，默默无闻地做了大量的工作；蕴涵着班任、科任教师的不懈努力，他们认真组织学生，精心布置队前装饰，为开好运动会，为使同学们度过一个难忘的运动会而费尽了心机；本次运动会更蕴涵着全体运动员们顽强的意志，坚韧的品格，他们积极参与，出色发挥，努力为班级和学校增光添彩。

通过本次运动会，我们选拔出了一批优秀的体育运动员，在今后学校活动中，学校将予以重点培养。通过本次运动会，锻炼了我们的少先队员，团结了我们的教师队伍，达到了预期的目的。最后，希望我们××小学的全体师生，在今后的工作和学习中能够继续发扬这次运动会的拼搏精神，让××小学的旗帜永远高高飘扬在××校的上空，飘扬在我们每一个××人的心头，让我们乘这次运动会的东风，紧密团结，携手同行，为我校的各项工作能在世纪之初迈上一个新的台阶而努力奋斗！

[范本二]医院职代会闭幕词

各位代表：

我院×届×次职工代表大会经过全体代表的共同努力，已经顺利完成各项议程，就要闭幕了。在这次代表大会上，代表们以高度的使命感和主人翁精神，认真审议并通过了×院长所作的《医院工作报告》和×主席作的《职代会工作报告》。代表们认为，×院长的报告，客观全面地总结了××××年医院所取得的成绩，也实事求是地指出存在的问题。对××××年的工作计划和工作目标，提出了任务和要求，明确了医院效益再上新台阶的目标，报告鼓舞人心，催人奋进。职代会工作报告总结了过去一年工会工作取得的成绩和今后的工作计划。

本次大会收集了很多具有建设性的意见建议，还进行了对医院服务“五大满意，五大不满意”的调查。这些意见、建议内容，涉及医院管理、医院建设、医院文化、医疗护理、行政后勤、分配改革、生活福利等范围，反映了职工代表关心医院发展和关心员工的工作责任感和使命感。会后，我们将及时召集各职能科室对这些提案、意见、建议，进行研究、整改和落实，并将改进措施向全院员工公布答复。各种提案、意见、建议的提出与实施，进一步实践了广大员工参与医院的民主决策、民主管理和民主监督的权利，体现了“员工爱医院”的工作责任感。

借此机会，我提议让我们以热烈的掌声，对各位代表和为本次大会的胜利召开筹备而做了大量工作的同志们表示衷心的谢意！对职代会所付出的辛勤劳动表示崇高的敬意和诚挚的感谢！

各位代表，我们这次会议和往次职代会一样，是一次民主团结、统一思想、继往开来的大会，希望各位代表会后要以这次大会为契机，以“三个代表”重要思想为指导，围绕党员先进性教育活动的开展，负起全院员工的重托，带头做“三有一好”的带头人，争当时代先锋，团结带领全院员工，和衷共济、迎难而上，凝聚集体的力量，勇于面对新的挑战和竞争，脚踏实地地做好本职工作，为实现医院提出的××××年工作任务和目标而奋斗！

谢谢大家！

［范本三］职代会闭幕词

各位领导、各位代表：

第××届×次职工代表大会在省××工会、××工委的关怀下，在××党委的正确领导和××的支持下，经过全体代表的共同努力，历时一天，圆满地完成了大会预定的各项任务，现在就要结束了。

会议期间，代表们认真地听取并审议通过了行政工作报告。这个报告对××的经济工作进行了实事求是的总结，并精辟地分析了当前××所面临的严峻形势，具体地部署了今后一个时期的工作。代表们一致认为，报告对××目前状况谈得实事求是，客观公正，对今年的工作任务讲得目标明确，措施具体，具有较强的可操作性。代表们一致表示，要以“报告”精神为动力，动员和带领广大职工群众，为实现××党委“一一四”工作思路和×××“一六”工作目标，促进××的全面发展而努力奋斗。大会还认真审议通过了其他有关报告和议案，评议了企业领导干部，签订了××××年“集体合同”和“双文明”建设责任状。会议期间，代表们各抒己见，畅所欲言，会议始终充满了民主、团结的浓厚气氛，收到了预期的效果，取得了圆满的成功。

这次大会得到了××党委的高度重视。党委书记×××同志做了重要讲话。他就贯彻好这次会议精神，动员广大干部群众如何认清形势、统一思想、坚定信心、扎实工作，努力开创全××各项工作新局面，为实现××三步走发展战略提出了具体要求，并号召全××广大职工群众要立足本职，发挥作用，为完成××党委、××提出的各项工作任务，开创××经济发展的新局面而努力奋斗。

各位代表、同志们，在这充满希望的新世纪的第二年，不管我们面前会遇到多大的困难，我们都要高举邓小平理论伟大旗帜，解放思想，抓住机遇，务实创新，开拓进取，迎接考验。大会闭幕后，希望代表们要认真贯彻落实会议精神，为全面完成会议确定的各项工作任务而努力。

现在我宣布：××届职工代表大会第×次会议胜利闭幕。

祝各位代表身体健康，工作顺利，万事如意！

［范本四］乡镇人代会闭幕词

各位代表：

经过两天的会议，××镇第×届人民代表大会第×次会议，顺利完成了各项预定议程，就要闭幕了。

这次会议取得了圆满的成功，这是所有出席会议代表共同努力的结果。在此，我谨代表会议主席团表示诚挚的谢意！

通过这次会议，各位代表认真审议通过了镇人民政府工作报告、镇人大主席团工作报告、镇财政所预决算报告、镇林业跨越发展意见报告，进行了代表小组讨论，总结了经验，讨论了××镇所面临的困难与机遇，为××××年的工作指明了目标，奠定了基础。

通过这次会议，参会的各位代表各抒己见、畅所欲言，回顾了去年我镇经济、社会发展所取得的成就，总结了一年来工作中的经验和教训，分析了当前本镇经济、社会发展所面临的形势，展望了××××年本镇经济、社会美好的前景。对××电力开发、集镇建设等问题进行了有益的探讨，提出了许多宝贵意见和建议。

通过这次会议，来自各条战线的代表们加深了了解，增进了友谊，扩大了交往，这将有利于单位间、村寨间、行业间的优势互补，共同发展。

通过这次会议，促进了各位代表对我镇的发展思路的深刻认识，在“三个代表”重要思想和十六大精神的指引下，本镇各族人民将以更加坚定的信心，昂扬的斗志，继续拼搏努力，迎难而上，奋发图强，与时俱进，开拓进取，在艰苦创业中实现新的跨越，创造新的辉煌。

进入××××年，社会经济形势发生了深刻的变化，我镇面临的形势十分严峻：希望与困难同在，机遇与挑战并存。我们需要坚定信心、振奋精神、团结协作、开拓进取，充分利用丰富的林业资源和独特的地理优势，为我镇的经济、社会全面发展而努力奋斗！在这里，我代表大会主席团，再次向各位参会人员表示衷心的感谢！

现在，我宣布：××镇第×届人民代表大会第×次会议胜利闭幕！

第十九章　答谢词

【提示】

答谢词是指团体交流、交际的双方在进行一次友好、成功的交往过程中或结束时，一方对另一方给予的接待、安排等友善行为表达谢意的致辞。在现实生活中，答谢词广泛运用于各种社交场合。答谢词有利于更好地沟通情感，加固友谊，为以后的工作交流开拓一片新天地。

答谢词的结构主要包括如下几个方面：

1. 称呼。对答谢对象的称谓。一般格式是：修饰语＋名称＋职务。如："尊敬的院长阁下，在座的各位来宾，女士们、先生们！"

2. 开头。讲明致辞的缘由和基础。

3. 主体。集中全面地向对方表达友好的谢意。要在总体事件发生、发展的过程中选择最有说明性、最有说服力、最能充分表达情感的具体细节，进行有感受、有分析、有认识的表述。

4. 结尾。概括、总结主体部分，并再次表达真诚的谢意。

[范本一]在招待宴会上的答谢演讲

尊敬的×××社长阁下、各位来宾、女士们、先生们：

中华人民共和国访日京剧代表团承朝日新闻社的邀请来到日本以后，在东京、福冈、八幡、名古屋、京都、大阪等几个大城市进行了访问演出，现在已经圆满闭幕了。我们来到日本之后，在生活上和演出中受到主人无微不至的招待和大力帮助，并且受到欢迎委员会诸位先生的热情接待。这次日本文艺界、产业界、新闻界也给予了我们很大的关照。请允许我代表全体同仁表示衷心的感谢。

在我们的演出过程当中，得到了歌舞伎座市川猿之助先生派来的多位朋友的帮助，他们都以忘我的劳动，自始至终，日以继夜地参加工作。

还有东京、福冈、八幡、名古屋、京都、大阪各地前后台全体工作人员，为我们的演出都尽了很大的努力。

此外在前后台帮忙的，还有各界朋友们、各学校的男女学生们。

还有我们的侨胞们，发挥了高度的爱祖国的热情，对我们代表团表示深切的关怀。他们也和日本的朋友们一样，用积极的行动给予了我们有力的支持。

还有负责警卫的朋友们，在我们所到的地方，他们都为我们布置得非常周到。就是旅馆里负责招待的朋友，为我们准备伙食的大师傅以及交通方面负责的朋友们，都直接间接为我们的演出尽了力量。我们这次演出得以顺利完成，和以上所说的许多朋友们的帮助是分不开的。他们从不同的方面，不同的部门，不同的角度来帮助我们，合起来就成了一个整体，就产生了很大的力量，这是非常令人感动的。

我们受到了日本各界盛情的招待，我们作为一个外国的演出团体，特别受到日本国会的招待，我们所到的地方，都受到广大群众的欢迎。这表现的是什么？这就是日中两国人民友谊的具体表现，而且很显然，这种友谊在今天无论从哪方面看，已经有很大的进展，这种友谊已经不是泛泛的，而是真诚的，是深厚的，是符合于两国人民共同愿望的。我好几次听见日本朋友说，中日两国人民的心已经在交流，这就是有力的证明。

我们这一次除了演出以外，还游览了日本的许多名胜古迹，还到许多地方参观过，观摩了日本优秀的古典民族艺术，并和艺术界、学术界的朋友进行了多次的座谈。我们深深感到日本是美丽而可爱的国家，它有悠久而优良的文化传统，日本人民是勤劳、勇敢、富于智慧、富于艺术才能、珍重友谊、有崇高的爱国精神的人民。有很多地方我们应当向日本人民学习，我们彼此之间也可以互相学习。

去年以市川猿之助先生为首的歌舞伎座访问了中国，今年我们又带了中国人民的古典戏剧艺术来到日本。事实证明，这种艺术上的交往，对促进两国人民之间的友好，是起了重大作用的。今后，这样的交往必定会一天天增多，一天天加强，这需要我们大家来共同努力！

现在我们在贵国的演出已经结束了，就要动身回国了。今天在这里以无限惜别的心情和各位相见，各位对我们的深情厚谊，我们很难用言语来表达我们的感谢，我们只希望和各位经常有见面的机会。但是，我们希望下次再有机会到日本的时候，不必从北到南，再从南到北，要知道，我们两个国家的地理也和两国人民的心一样是很近的，不是很远的。我们回国以后，一定把日本人民对中国人民深厚的友情传达给全中国人民！

最后，祝中日两国人民友谊合作更加巩固，祝各位先生身体健康！

[范本二]婚礼上新郎致答谢词

各位亲朋好友：

十分感谢大家在百忙之中来参加我和××的婚礼，谢谢各位对我们的祝福。

在这里，我首先要感谢我的爸爸妈妈，是你们把我带到这个五彩缤纷的世界，是你们将一个八斤重的胖小子抚养成人，是你们教会了我仁义道德，教会了我明辨善恶是非，谢谢你们，爸爸妈妈。

其次，我要感谢××的爸爸妈妈——我的岳父岳母，谢谢你们养育了一个这么优秀的女儿，谢谢你们对我们一直以来的支持，谢谢你们将××放心地交给我，请相信，我们会有一个幸福的未来。谢谢你们，爸爸妈妈。

我要感谢我们的长辈，正是因为有你们的关心和提携，我们才可以在人生道路上顺利地成长。

我还要感谢我们的朋友、我们的兄弟姊妹。正是因为有你们的帮助，我们的人生才如此缤纷多彩。一辈子，一生情，我们永远一起走。

再次感谢大家的光临。谢谢大家！

[范本三]40岁生日晚宴答谢词

各位领导、朋友们：

今天能够邀请到各位领导和朋友亲临我的40岁生日晚宴，我和我的家人都感到十分地荣幸。

首先感谢我的好朋友，××著名作家、诗人××先生；著名文学翻译家××先生；作家××先生、××先生、××女士的光临，为我的生日增辉添彩。借此机会，我要特别感谢在我人生的重要关口给予我极大关怀与帮助，因为目前不在××而未能出席这次生日宴会的×××先生、××先生、××先生，以及有幸邀请在座的××先生，如果没有他们从××××年以来一直真诚地关怀和帮助，就没有我今天良好的工作环境，就没有我今天的美满生活。所以，我及我的家人，无时无刻不对他们抱一颗感恩之心。我们无以为报，只能真心祝愿他们身体健康、生活幸福、工作顺利，并愿他们一生平安。

我还要感谢今天抽出时间光临晚宴，我十分敬重的领导××先生、××先生、××女士、××女士，感谢他们多年来在生活上给予我的周到关心和工作上对我的用心栽培。

我还要感谢今天光临宴会的我的同学和所有好朋友、好同事。能跟你们成为一世的朋友，是我人生的一大幸事。回首走过的路，正是因为有你们，我才有一个没有虚度的人生。我十分珍惜我的朋友，倍加珍视朋友情谊。我希望在未来的人生道路上，能够一直拥有你们这样的好朋友，使我们的友谊青山永存。

同时，我还要感谢我的岳父、岳母、妻子和女儿，由于他们的精心呵护，使我们的家庭充满温馨，充满安全感，使我能够安心做好工作。

最后，我再一次代表我和我的家人，对赏光出席我的生日晚宴的各位领导和亲朋好友，致以深深的谢意！希望大家能够度过一个愉快的晚上，并从今夜开始，都有一个更加美好的人生。

谢谢！

[范本四]荣任新职的答谢词

各位领导、同志们：

刚才××首长宣读了上级的命令，我和××同志被任命为××团的主 官，其他缺位的领导也即将配齐，这标志着我们团组成了新的一届领导班子。对此，我们感到非常高兴和荣幸。借此机会，我代表新班子向党委首长和机关表示发自内心的感谢。组织信任，不仅仅是光荣，更重要的是给我们提出了新的更高的要求。刚才，××首长在讲话中对我们团今后的工作做了重要指示，我们一定要认真学习、深刻领会，努力贯彻好、落实好。组织信任，也是使我们前进的巨大动力。我们一定要以此为新起点，以新的面貌、新的姿态，投入新的工作，做出新的成绩。组织信任，也是对我们的充分肯定，通过提升使用，肯定一个人，是组织对我们的知遇之恩。古人云：知遇之恩，终生难报。士为知己，死而无憾。诸葛亮对刘备的知遇之恩鞠躬尽瘁，死而后已。我们作为党的一名领导干部，对组织的知遇之恩，更要一心不二，全力报答，以不辱使命，不负重托。

这次班子调整，是以××团长、××政委、××主任离开现在的岗位为前提的。他们，特别是××团长、××政委，是我们团的元老，在组建以来的十个年头中，以自己的奉献精神和聪明才智为我们团的建设做出了重大贡献，我们团取得的每一点成绩和进步，都倾注和凝聚了他们的心血和汗水。刚才××政委的讲话，充分表达了一个老同志的宽阔胸怀和对团队建设的关心，在这里，让我们以热烈的掌声，向××团长、××政委、××主任表示崇高的敬意。同时，诚恳地希望××团长和××政委发挥熟悉我团的优势，对我们团今后的工作多指示、多帮助、多支持。××团和××团多年来保持了非常密切的友邻关系，希望通过这次调整，将这种关系发扬光大。

我团的领导班子经过这次调整，年龄变轻，结构趋于合理。这是我们做好工作的重要条件。我们一定要充分利用这个条件，认真学好建设有中国特色社会主义的理论，打牢理论根底，保持敏锐头脑，做到政治合格。我们必须十分重视搞好班子团结，像命根子一样自觉维护党委团结，增强党委的凝聚力；洁身自重，清廉为政，树立一个良好的形象；开拓进取，勤奋努力，在抓好军事训练、洞库安全、营房建设等各项工作的落实上狠下功夫；使团党委班子建设不断得到加强，切实发挥好核心领导作用，肩负起第二次创业的历史使命。

我们团的建设，经过全团广大官兵的多年努力，曾取得过许多引人注目的成绩，刚才××政委给予了很高的评价。这既是我们做好工作的一个良好基础，也是对今后的工作提出了更高的标准和要求。我们坚信，有上级党委首长的正确领导，有各级党组织和全团官兵的共同努力，坚持发挥争先创优、志在必成的拼搏精神，艰苦奋斗、勤俭建军的创业精神，勤于动脑、勇于开拓的创造精神，注重效果、不图虚名的求实精神，同心同德、互相支持的协作精神，为官一任、振兴一方的敬业精神，我们团的建设就一定能够不断开创新的局面，登上新的台阶，取得更大成绩！

第二十章 祝酒词

【提示】

祝酒词是在宴会开宴前，所发表的表示挚诚敬祝的讲话。是致辞人在特定情况下，向出席者表示欢迎、感谢和问候；同时共同回顾过去，展望未来。结尾常用“请允许我为某某人或某某事而干杯”。

[范本一]母亲生日宴会祝酒词

各位来宾、亲朋好友：

春意盎然艳阳天，春暖花开六十载。在今天这个特殊日子里，你们怀着喜悦的心情，带着良好的祝愿，在百忙之中来为我母亲的生辰祝贺。在此，我代表我们全家对你们的光临表示热烈的欢迎，对你们的良好祝愿表示诚挚的谢意！

今天是××××年×月×日，是我母亲寿辰之日。这是一个千载难逢的好日子，它蕴涵着吉星高照，四季平安，六六大顺，福寿双增之含意。在这美好的日子里，我们做儿女的，忘不了母亲用乳汁和心血将我们抚养成人，她为了我们含辛茹苦，历尽沧桑。时光飞逝，岁月如梭，转眼六十个春秋过去了，留给母亲的是那头上增添的丝丝白发，额上刻下的艰辛印痕，而她把那伟大的母爱却无私地奉献给了我们。我们每个人都希望有一个温馨甜蜜的家，这种情感就像白云依恋着群山，小草依恋着故土，长大成人的孩子啊，永远忘不了童年，永远依偎在妈妈的身边。俗话说，水有源，树有根，儿女不忘养育情。亲爱的妈妈，在您老人家寿辰之日，我代表儿女们向您深深地鞠一躬，并祝愿老人家生日快乐，身体健康。璇阁长春，眉寿颜堂，寿比天高，福比地大。这是我们子女的心愿，也是来宾的心愿。让鲜花点缀您不老的岁月，让阳光普照您永恒的季节。

各位来宾，各位亲友，今天有了你们的到来，使这寿宴厅里蓬荜生辉，给今天的生日宴会增添了无限喜庆的气氛。在这里，我们是喜酒相逢，笑逐颜开。在这喜庆的时刻，我再一次代表全家感谢各位的光临，并祝大家生意兴隆，财源广进。同时，我提议，让我们共同举杯：为我母亲生日快乐，身体健康；为她增福增寿增富贵，添光添彩添吉祥，为在座的各位亲朋好友身体健康，家庭幸福——干杯！

[范本二]同学聚会代表致祝酒词

各位恩师、同学们：

很高兴有这么一个和同学、老师相聚的机会。站在这里，我觉得很惶恐，因为在座的每一位同学都有资格站在这里代表所有的同学作讲话。

首先，作为××××届同学中普通一员，我要感谢我们的母校和今天到会的各位师长以及热心于这次同学会的到会和没有到会的全体同学，是你们的关心、支持和鼓励，才使得今晚注定将星光灿烂。

我也要感谢这次同学会筹备组的全体同学，是他们的辛勤努力和精心策划，才有了今夜的欢歌笑语。

二十多年了，我相信在座的各位和我一样，无时无刻不在想念着我们的母校、想念着我们的老师、想念着我们的同学。我希望在座的各位能借助于今天的平台，将这多年的感情充分地表达出来。同时，也让我们一起来感恩母校、感谢老师、感怀同学。为了感恩，我们将共同为母校捐资建造一座"飞向明天"的校雕石，让我们的心愿能永留母校；为了感谢，全体同学将为老师送上鹅毛之礼，让我们的祝福能长伴耳边；为了感怀，我们在大酒店为大家安排了今夜的晚会，让我们的激情能在欢歌笑语中荡漾。

同学们：我们的这次相聚虽然时间短暂，但我相信无论走遍天涯海角，难忘的是故乡；无论为官下海，难忘的还是老师和同学。一日同学，百日朋友，那是割不断的情，那是分不开的缘。遗憾的是有些同学因事务缠身，未能参加我们的这个聚会，希望我们的祝福能跨越时空的阻隔，传到他们身边。

让我们期待着再相聚的那一刻。

最后我提议：为我们的母校永远辉煌、为我们的老师身体健康、为我们的同学事业有成，干杯！

[范本三]婚礼祝酒词

各位来宾：

今天欢歌笑语，喜气洋洋。在此良辰美景，让我们举起酒杯，向新人们表示真诚的祝福。

祝福你们，新郎新娘，祝贺你们的美满结合。从相识、相恋到喜结良缘，你们经历了人生最美好的时光。你们的爱情是纯洁的、真挚的。千里姻缘，天作之合。在对理想和事业追求中建立的新家，正是你们谱写美妙爱情交响曲的延伸。

祝福你们，新郎新娘，祝贺你们新婚快乐。中国有句俗话："男大当婚，女大当嫁"。两性结合的爱情是人间"天伦之乐"的最大快乐。今年洞房花烛夜，来年生个胖娃娃。愿你们良宵花烛更明亮，新婚更甜蜜。真诚祝愿共浴爱河的俊男靓女，尝遍人生欢愉和甘甜。

祝福你们，新郎新娘，祝贺你们爱情之树常青。愿你们相亲相敬，恩恩爱爱，和和睦睦，白头偕老；愿你们尊敬父母，孝心永远不变，依然是个好儿子、好女儿，还要当个好女婿、好媳妇；愿你们工作、学习和生活，步步称心，年年如意。

衷心祝福沉浸在新婚欢愉中的你们，幸福美满，让我们共同为心想事成——干杯！

[范本四]重阳节慰问祝酒词

各位老领导、老同志：

岁岁重阳，今又重阳。今天，我们与各位老领导、老同志欢聚一堂，共庆我国传统的重阳佳节，感到由衷地高兴。在此，我谨代表区委办公室全体职工向你们表示节日的慰问，并致以崇高的敬意！

我虽然有多年在区政府办公室工作的经历，但对区委办公室的工作，较为陌生，可以说还是一名新兵。我也深知，区委办公室所取得的每一点成绩和进步，都离不开各位老领导的关心、理解和支持。在这里，我也希望各位老领导、老同志一如既往地关注区委办公室，为我们工作把关定向。我们一定以各位老领导为榜样，继续保持和发扬党的优良传统和作风，不断推进区委办公室工作。

尊重老同志就是尊重党的历史，爱护老同志就是爱护党的财富。在你们面前，我们永远是晚辈，永远是学生。在区委办公室这个大家庭里，我们是你们的子女和亲人。记得有位哲人曾经说过这样一句话，不尊重老人的人，不可能是一个真诚的人，也不可能是一个值得信赖的人。因此，尊重和孝顺老人，是做人做事的起码要求。我们区委办公室历来就有尊老爱老的优良传统，我们一定会团结全体干部职工，继续更加重视老干部工作，继续按照“再苦不能苦老同志，再难也要从优照顾好老同志”的要求，喜老同志之所喜，忧老同志之所忧，更富有成效地做好老同志工作，在政治上关心老同志，在生活上照顾好老同志，确保老同志待遇，真心诚意解决好各种实际困难，努力把为老同志服务的工作做得更细、更实、更好。我们衷心祝愿各位老领导、老同志晚年幸福，老有所乐，老有所为，继续为建设富裕文明、和谐安康的新××发挥余热，献计献策，做出新的贡献。

最后，受××副书记委托，我代表区委办公室全体干部职工，向各位老领导、老同志敬上一杯薄酒。

现在，我提议，为各位老领导、老同志生活幸福、健康长寿，干杯！

[范本五]在答谢客户酒会上的祝酒词

各位来宾、尊敬的客户：

在我们满怀豪情迎接新的一年之际，我们以最真诚的感谢、最真挚的祝福，在这里举办迎新春答谢客户酒会。首先，我代表××大厦向一直给予我们支持和厚爱的新老客户朋友们表示谢意，并祝你们在新的一年里身体健康、工作顺利、生意兴隆、万事如意！

过去的一年是××大厦快速发展的一年。我们在集团公司的领导下、在各位客户公司老总的支持下，经过我们全体员工的共同努力取得了一定的成绩：顺利通过国家建设部关于国家级示范大厦的复检，保持着物业管理最高荣誉；全面启动了ISO9001质量管理体系试运行，全面强化了基础管理工作；荣获了市“物业管理先进单位”和××市“公安局经保系统先进单位”等光荣称号。××××年客户对大厦各项服务满意率又有新的上升，各项服务水平又有新的提高。

金猿腾空昔年去，

雄鸡唱晓新春来。

回首过去峥嵘岁月欣慰神驰，

展望未来锦绣前程壮怀激越。

在新的一年里，我们将继续努力，不断取得新的突破，来回报广大客户的厚爱。为您事业的成功尽我们微薄之力。我们将以百倍的努力和良好的服务以及崭新的精神风貌服务于您，我相信，经过我们相互支持、友好合作，我们一定能实现双赢的目标。让我们携手奔向美好的明天！

再次祝福全厦客户及各公司员工新年快乐、万事如意，祝各位事业辉煌、如日中天！祝各单位百业俱兴！宏业大展、前程无限、吉年大发！

[范本六]大学毕业聚会祝酒词

同学们：

今天，我们从四面八方来到了大学的菁菁校园。四年的同窗生活，我们并肩同心，一起走过了许多风风雨雨的日子。

犹记得，大海边，我们中秋聚首赏明月；

犹记得，长城上，我们烈日挥汗抒豪情；

犹记得，田径场，我们奋力拼搏争荣誉；

犹记得，教室里，我们埋头苦读修人生。

……

犹记得，校园里，我们点点滴滴的纯真故事。正是这点点滴滴，它情深、意长、味重，我们一生都忘记不了。在十年、二十年、三十年之后，当我们细细地回想这一切时，我们仍会记得那菁菁校园里的良师益友，仍会记得那流金岁月里的成长故事。

要离别了，我想起了古人十里长亭别友人的忧愁和悲壮。但我们今天拥有的则是更多的快乐和更多的豪情，“十年寒窗苦，今朝凌云志”。我们就要怀着成熟的人生理念、丰富的专业技能踏上工作的岗位了。曾经有一首歌中唱道“再过二十年，我们来相会”。

今天，让我们也来相约二十年。二十年后，希望我们在座的各位中既有IT界的精英、又有军队里的将才、更有企业界的巨子，我深信我们大家都将会在各自的岗位上做出一番骄人的业绩。

有语云：无酒，何以逢知己；无酒，何以诉离情；无酒，何以壮行色。让我们举起杯，为了我们这四年的相聚；为了我们的相约二十年；为了我们辉煌灿烂的明天，干杯！

第二十一章 慰问词

【提示】

慰问词是以组织或个人名义向有关人员表示慰藉、鼓励或关切的演讲。慰问词可充分体现集体的温暖,组织的关怀和同志间的友爱,能给人以战胜困难的勇气,使人在精神上得到安慰和鼓舞。

慰问演讲主要是向被慰问者送上一片浓浓的安慰与祝福:或赞美、或安慰、或关怀、或同情。因此,表达时一般应充溢着较强烈的感情色彩。比如,慰问对祖国和人民做出过突出贡献的同志,就应该着重称颂对方的功绩,表达明朗,声音高昂;如果是慰问蒙受灾难的集体或个人,就应该着重向对方表示关心和同情,语气沉缓,诚恳热情。

[范本一]新年慰问词

全校教职工同志们:

新年的钟声已经敲响,历史又翻开了崭新的一页。在这辞旧迎新的时节,学校党委和行政部门向辛勤工作在各个工作岗位上的教职员工,向关心支持学校工作的离退休老同志以及教职工家属,表示亲切的慰问!对于你们在过去的一年里为学校改革发展做出的贡献,表示最诚挚的感谢!

刚刚过去的一年,是我校实施“九五”计划的开局之年、起步之年。一年来,在上级领导部门的重视和支持下,经过全校教职员工的共同努力,学校各项工作取得了显著成绩。在这一年里,学校成功地举办了全国高师院校公共艺术教育研讨会，开展公共艺术教育的经验在全国学校艺术教育工作会议上推介，得到了国家教委、省教委的充分肯定，教改成果《开发公共艺术教育，为中学素质教育培养合格师资》获××省普通高校教学成果一等奖；由我校首倡的“光明工程”在全省高校中推广，并荣获国家颁发的首届中华扫盲奖；成教工作、重点专业建设、国防教育、财务工作在全省评估中名列同类学校前茅。过去的一年里，办学条件不断改善，办学水平不断提高，学校综合实力进一步增强。我们可以自豪地说，去年是全校教职员工与校党委、行政部门，同心协力、团结实干取得较大成绩的一年，为实现学校“九五”宏伟目标开好了头，起好了步，奠定了良好的基础。

今年，是具有重要历史意义的一年。全国人民政治生活中有两件举世瞩目的大事：一是我国将恢复对香港行使主权，二是将召开党的第十五次全国代表大会。抓住大好时机，创造更突出的业绩，具有更深远的意义。

面对新的一年，环顾国际国内教育改革的热潮，面对挑战和希望，我们拥有的是激动与振奋，拥有的是使命感与紧迫感。1997年，在我校发展的历史上具有重要的意义。在这一年里，我们将继续朝“全省一流，全国先进”的目标迈进，力争使学校各方面工作跃上新台阶。

扎扎实实做好1997年的工作，对于完成前不久我校“两会”提出的“1997年及‘九五’期间的主要任务”至关重要。我们要全心全意依靠广大教职员工，发扬实干精神，创新精神，艰苦奋斗精神，重点抓好五项工程（“233”育人工程、教改工程、系统管理工程、“111”人才工程、环境创建工程），全面推进学校发展，努力开创学校工作的新局面。

一元复始，万象更新。让我们把握大局，再接再厉，力争各项工作有新的突破！让我们同心同德，开拓前进，实现全校发展的既定目标，创造 1997 年的新辉煌！

谨祝全校教职员工新年合家欢乐，身体健康，万事如意！

［范本二］致离退休老干部的慰问词

广大离退休老干部：

新年伊始，万象更新。在这辞旧迎新之际，××市质量技术监督局谨向你们这些刚从领导岗位上退下来的老干部致以亲切的慰问和衷心的感谢。

这些年来，你们这些老干部在各自的领导岗位上，为质量技术监督事业的发展壮大呕心沥血，励精图治，使质量技术监督部门从一个名不见经传的小部门，一跃而成为全市经济发展中举足轻重的中坚力量，为全市上下成功地营造了“三个环境”：即为工商企业营造了一个公平竞争的环境，为广大群众营造了一个放心满意的购物环境，为外商企业营造了一个安全可靠的投资环境。对此，市局领导感谢你们，全体职工感谢你们，全市人民感谢你们！

正是你们的开拓进取，锐意改革，才拓展了质量技术监督部门的工作领域，增添了质量技术监督部门的发展活力；正是你们的真抓实干，注重实效，才夯实了质量技术监督事业的发展根基；正是你们的执法如山，不徇私情，才树立了质量技术监督部门的执法权威；正是你们的以身作则，率先垂范，才带来了质量技术监督部门好的党风和行风；正是你们的不拘一格，任人唯贤，才打造了一支保证质量技术监督事业持续发展的人才队伍。不仅如此，你们还高举“质量立市”的旗帜，大力实施名牌战略，积极推动质量认证、采用国际标准，和原地域产品保护工作的进程，使我市涌现出一大批高知名度、高市场占有率、高经济效益的“三高”企业群体，提升了我市企业应对入世挑战的发展潜力，促进了全市经济建设的健康发展。

现在，我市质量技术监督部门无论是工作环境、检测手段、交通工具、通信设施，还是执法条件、检测能力、队伍素质、行风建设，都已位居全省乃至全国质量技术监督系统前列。之所以能取得这些令人瞩目的成就，你们这些老干部们可说是功不可没。对此，市局领导不会忘记，全体职工不会忘记，全市人民也不会忘记！

"老牛自知夕阳晚，不用扬鞭自奋蹄"。希望你们在今后的工作和生活中，退线不退志，退岗不退心，充分发挥自己的余热，一如既往地支持和扶持质量技术监督工作，对新的领导班子"扶上马，送一程"，为质量技术监督事业的发展出谋划策，为全市经济建设的发展添砖加瓦。如此，则质监系统幸甚！全市人民幸甚！

最后祝各位老干部们新年愉快，生活美满！

[范本三]交通部门"五一"劳动节慰问词

同志们：

值此"五一"国际劳动节来临之际，我代表局党组向你们致以节日的问候和崇高的敬意！

春回大地，万物更新。几个月以来，各股室站队领导班子积极运作，超前谋划，广大干部职工锐意进取，争先创优，实现了首季开门红。公路站顶风冒雨，合力奋战，公路建设进度稳步推进；运管站治理客运，保障安全，运输市场更加规范；征费站保任务，争一流，为公路建设补充新鲜血液；路政队治理超限，昼夜巡逻，有效维护路产路权；出租站以"便民、利民"为宗旨，早出晚归，毫无怨言；执行室严守规章，密切协作；机关食堂保质量，上档次，为一线人员提供有力的后勤保障。

"五一"长假，本该是与家人团聚，共享天伦之乐的日子。但为了工作，为了任务，你们牺牲休息时间，坚守工作岗位，奋战交通一线。在此，向你们道一声"辛苦了！"

为进一步做好交通工作，圆满完成各项任务指标，值此慰问之际，再提三点希望：

一、严格执法，热情服务。交通是形象，交通是窗口，执法与服务是你们的天职，所以你们一定要熟读法律法规，谨记有关规定，照章办事，提高服务质量。

二、保障安全，劳逸结合。交通工作复杂，交通任务艰巨，你们一定要注意安全，劳逸结合，以良好的精神状态面对车主。

三、讲究卫生，防治禽流感。近期，禽流感疫情重新出现，你们一定要勤消毒勤通风，搞好个人卫生，提高身体素质，谨防禽流感在我们身边发生。

同志们，希望你们继续发扬甘于奉献、勇于拼搏、众志成城、协同作战的团队精神，保质保量完成各项工作任务。

最后，衷心地祝大家节日快乐，身体健康，万事如意！

[范本四]致教职工家属的慰问词

尊敬的教职工家属们，新春好：

星移斗转，岁月轮回，眨眼间我们又将迎来新的一年。在××××年元旦、新春佳节即将来临之际，学校党政工代表全校师生向您致以节日的祝贺和最热情的问候！

非常感谢您对亲人事业的支持和帮助！过去的一年，全体教职工怀着沸腾的热血，澎湃的激情，执著的追求，共同成就××中学之宏伟大业，默默承受高强度的工作压力以及由此引致的心理重负。非常感谢您给了亲人承受这种压力的精神力量，也非常感谢您将这种压力理解成追求个人事业的成功以及追求××中学宏图大业的实现所要付出的必需的代价。

有付出必然就有回报。在这一年里，由于学校班子的正确领导及全校教职工的共同努力，我校教育教学工作得到了上级领导和社会的广泛赞誉！在这一年里，我们上下一心、众志成城、负重前行、不辱使命，一方面努力改善办学条件和外部环境；另一方面充分发挥自身优势，立足内部挖潜，紧紧咬住提高教学质量这座青山不放松，圆满完成了各项教育教学任务，全面出色地实现了全年奋斗目标。初中毕业年级更是以×%的重点高中升学率再创历史新高，并且创造了初中毕业会考连续×年无平均40分以下特差生的辉煌历史；学生在参加学科及其他各类竞赛中有×人次获得处级以上奖励，其中，×××、×××等同学获全国英语竞赛三等奖，××同学获全国中学生物理竞赛省级二等奖；教职工在各级各类竞赛中更是捷报频传，先后有近××人次获处级以上奖励。我们清楚地知道，是我们每位教职工的辛勤耕耘才保证了××中学教育质量的稳步提高，但学校任何成绩的取得，都离不开您的支持和无私奉献。

您的亲人是幸运的，因为在这里，教职工的特长和优势得到了最大限度的发挥。

您的亲人是幸福的，因为他们会得到同在您的家庭一样的温馨。学校积极创设温馨的人性化管理氛围，注重以情感留人，以事业留人，以待遇留人。

成绩只能代表过去，未来需要我们去开拓。在充满希望和挑战的××××年里，我们有信心、有能力取得更加优异的办学成绩，来回报您对亲人对学校的支持和关爱，真诚地希望您能一如既往地支持亲人的工作。

第二十二章　悼词

【提示】

悼词是指在追悼会上由有一定身份的人宣读的、用以追悼死者的生平业绩，对死者表示敬意和哀悼的一种演讲。悼词的主要作用是追述死者业绩，对死者做出评价，勉励追悼会的参加者化悲痛为力量，学习死者的可贵精神和品德。

悼词的具体内容因人而异，但表达格式大致可分为三部分。

1. 开头。一般有一个总括式的称呼：如："同志们"、"各位亲友、各位来宾"。然后是以沉痛的心情，悼念什么人。接着说明死者去世的情况、去世的原因、时间、地点、终年岁数。

2. 主体。对死者的生平进行介绍，对死者一生进行评价。一般情况下，在悼词中是不提死者的缺点的，即使非提不可，也要运用委婉含蓄的方式。

3. 结尾。表达对死者的去逝充满无限的悲痛和惋惜之情，同时要表示要化悲痛为力量，将死者的品质和精神发扬光大，完成死者未竟的事业。

悼词旨在寄托对死者的哀思，激励生者化悲痛为力量，学习死者的高贵品质，搞好工作，完成死者未竟的事业。因此，表达基调应是沉痛而又积极向上的，要做到情真、意切、感人。表达的词语要恰如其分，语调要充满感情。对死者的事迹、贡献和死者的崇高品德，要用崇敬和赞颂的语气；对死者的不幸去世，要用沉痛、怀念的语气；对生者的要求，要用安慰、激励的语气。

悼词对死者的介绍要准确无误；对死者的评价要客观、公正；语言要得体、公允。

[范本一]母亲追悼会悼词

各位来宾、各位亲友：

非常感谢你们能来参加我母亲的追悼会。

就在两天前的早上×点××分，我母亲因患晚期肝癌，无法救治，永远地离开了我们，离开了这个她眷恋着的世界，我们都难以接受这个事实。

母亲为了操持我们这个家，为了养育我，勤劳一生、艰辛一生、简朴一生，走完了短暂的××个春秋。

母亲是一个平凡的人，一辈子没有成就惊天动地的大事，也没有创下金玉满堂的财富；但她人生经历的每个阶段、承担的每个角色都很成功。她是单位的好职工、爷爷奶奶的好媳妇、爸爸的好妻子、我的好母亲……她是周围身边公认的好人，我为有这样的一位妈妈而骄傲。

贫寒的出身造就了母亲豁达、宽厚、仁爱的品格。尽管我们的家庭并不富裕，但从小到大几乎满足了我所有的要求；我是在母亲的溺爱中长大的，我享受了人世间最慈祥的母爱。然而，在我就快学业有成的时候，她匆匆地离去了，没有留下一句话，甚至没有机会见上她弥留的最后一面。我们一家×口其乐融融的日子不会再有了，我给母亲尽孝的机会永远不会再有了，这将是我一生永远的痛。

母亲的早逝催我成熟，让我坚强。我要把怀念转化成自强的动力，以优异的成绩完成学业；我要像母亲那样乐观向上，积极进取，勇敢面对一切挑战，做生活的强者；我要继承母亲的优良品德，厚道为人，善待众生，回报社会，回报你们大家；我要承担起母亲未尽的责任，孝顺好爷爷奶奶，照顾好爸爸，让母亲九泉含笑！

各位来宾、各位亲朋好友。这几天来，为了母亲的丧事，你们尽心尽力，你们都是好人，是我们家的恩人。我再一次代表爸爸，代表爷爷奶奶，代表我们全家，真诚地感谢你们，愿你们永远平安、健康。

愿我的妈妈永远安息。

[范本二]写给父亲的悼词

亲爱的爸爸，你睡着了，睡得很沉，很沉……我们知道你太累了，你需要休息了。在你走向另一个世界的时候，你的子女们，并代表你最亲爱的伴侣——我们最慈祥的母亲，为你送行！

爸爸，你一生经历了几个时代的变迁，经历过那么多的风雨，饱尝了人间的辛酸，但是无论生活的担子压得有多么沉重，你和母亲始终挣扎着要把我们拉扯成人！你一生视金钱和权势如粪土，无论是当编辑、当教师还是为生活所迫开办××店，都将传播文化和教育事业看得至高无上。

几十年过去了，我们都不曾忘记解放初期你在单位做宣传工作时组织文艺晚会、排话剧时所投入的巨大热情！论学识和才华，你完完全全可以成为作家、教育家或艺术家。然而，为了养活我们和众所周知的原因，你为子女甘当铺路石！你一生贫穷，但是却留给我们巨大的精神财富！它造就了我们两代人，如今正在我们身上放出光彩。我们正是在用我们的能力和才干补偿着你为我们牺牲掉的一切！我们将继续以你所期望的品格和精神对待未来的事业和人生，我们将不辜负你的期望。

此时此刻，倾尽江海湖水也道不完我们对你的尊敬和热爱！爸爸，你虽然走了，但你并没有离开我们，因为我们仍同属于一个宇宙之中，任何力量也无法分开我们。如果有来生，你依然是妈妈最亲爱的伴侣，我们依然还是你的子女，你依然是我们亲爱又慈祥的父亲！

亲爱的爸爸，祝你一路平安！

我们想念你、想念你啊——亲爱的爸爸。

[范本三]教师追悼会悼词

各位领导、×××同志生前好友及亲属：

今天，我们怀着无比悲痛的心情，在这里沉痛悼念退休干部、原××中学教师×××同志，向×××同志做最后的诀别。

×××同志于×××年×月×日×时因病医治无效，与世长辞，享年××岁。她的逝世，使我们失去了一位好同志、好战友，丈夫失去了一位贤惠持家的好妻子，子女失去了一位慈爱可敬的好母亲。

×××同志××××年生于××省××市××县，××××年×月参加教育工作，××××年×月入党，××××年光荣退休。

在××余年的教育生涯中，×××同志热爱党，热爱社会主义祖国，在教育战线上满怀深情，兢兢业业，任劳任怨，为国家培育造就了一批批栋梁之才。桃李不言，下自成蹊。在生活中她勤俭持家，相夫教子，以慈母深情悉心呵护子女，教育子女认认真真做事，清清白白做人，表现了一名优秀教师、优秀党员的高风亮节。

×××同志的一生，是光荣的一生，光明磊落的一生，受人尊敬和爱戴的一生，也是勤劳工作、为人民服务的一生。今天我们在这里隆重地悼念她，就是要继承她的遗志，学习和发扬她的优秀品质，为社会的发展和进步贡献力量。

江河呜咽，山川低首，斯人已逝，音容长存。

敬爱的×××同志，你安息吧。

[范本四]悼念妻子

亲爱的,你真的走了吗?

你真的走了,撇下深爱你的丈夫、孩子和老人,永远地走了。

只有在你离开后,才感到心里一阵紧过一阵的钻心的痛,才充满无尽的悔意。我后悔对你照顾不周,后悔对你关爱不够,后悔对你陪伴不多……可是人生过去悔亦迟呵。我们相亲相爱××年,这××个春秋写满了你的奉献。也正是由于你的奉献,我方能取得这一点点成绩。你充满爱心,不仅对我、小孩,对双方父母及弟弟、妹妹也充满了爱,对你的科室、医院及身边的人也充满了爱。你善良真诚,发生在别人身上的不幸能让你一次次流出同情的泪水;你乐于助人,不管是无助的、素未谋面的病人,还是亲人、朋友遇到了困难,你总是尽力给人帮助;你工作积极并极具责任心,你牺牲了多少节假日,你又吃过几顿正点的饭菜?为了一台手术的方案或者效果,你有过多少不眠之夜。你医道高尚,对待任何病人都热心、耐心、关心,从不接受病人的红包或礼品。这次送你走我也依照你的心愿,在感谢各方朋友们的好意后,不收任何礼金,让你走得纯洁、干净。

你是那么地美好,我曾想是上天造就你并将你赐予我,对此我心存感激。可如今,你却走了。不是暂别,是永远地离去……是上帝的旨意还是命运的安排。

……

在这里,我要感谢所有给你带来快乐,所有关爱你的亲人、朋友、领导、老师、同志们;感谢今天出席追悼会及这几天来看你的人;还有从海内外发来唁电的人。同时,请相信,我不会倒下,我一定把家庭重担接过来,把自己的工作做得更好,把××带成一个有出息的、让我们为之骄傲的人,让三位老人愉快安享晚年,把弟弟、妹妹照顾好——这些可都是你的愿望啊。亲爱的，你放心去吧，从此以后，我们天上人间两相望。谁说是永诀，分明也是暂别。你在那边等我，等我完成了你的心愿，我来找你、陪你，我们一起续写爱的篇章。

安息吧！我的爱人。

第二十三章　颁奖典礼致辞

【提示】

颁奖仪式演讲是在颁奖大会或仪式上，颁奖人与获奖者所发表的热情洋溢的讲话。它分为颁奖人致辞和获奖者致辞。这种演讲有利于营造出一种隆重、神圣的气氛，每一位获奖者介绍经验，表达自我能力，这不仅有利于鞭策自己，更可使听众受到激励，唤起他们对工作、学习、事业的高度热情。

颁奖仪式演讲没有固定的模式。一般来说，颁奖人致辞主要是表明对获奖者的祝贺，阐述获奖者获奖的原因，评奖的程序、方式，希望获奖者以后取得更好的成绩，希望更多的人获奖；获奖者致辞主要是表明获奖的心情，介绍获奖的奋斗经历，表示以后要再接再厉，再上一层楼，并向主办单位、与会者表示谢意。

[范本一]海明威在诺贝尔文学奖授奖仪式上的讲话

我不善辞令，缺乏演讲的才能，只想感谢阿费雷德·诺贝尔评奖委员会的委员们慷慨授予我这项奖。

没有一个作家，当他知道在他以前不少伟大的作家并没有获得此项奖的时候，能够心安理得领奖而不感到受之有愧。这里无须一一列举这些作家的名字。在座的每个人都可以根据他的学识和良心提出自己的名单来。

要求我国的大使在这儿宣读一篇演说，把一个作家心中所感受到的一切都说尽是不可能的。一个人作品中的一些东西可能不会马上被人理解，在这点上，他有时是幸运的，但是它们终究会十分清晰起来，根据它们以及作家所具有的点石成金本领的大小，他将青史留名或被人遗忘。

写作，在最成功的时候，是一种孤寂的生涯。作家的组织固然可以排遣他们的孤独，但是我怀疑它们能够促进作家的创作，一个在稠人广众之中成长起来的作家，自然可以免除孤苦寂寞之虑，但他的作品往往流于平庸。而一个在岑寂中孤独工作的作家，假若他确实不同凡响，就必须天天面对永恒的东西，或者面对缺乏永恒的状况。

对于一个真正的作家来说，每一本书都应该成为他继续探索那些尚未到达的领域的一个新起点。他应当永远尝试去做那些从来没有人做过或者他人没有做成的事，这样他就有幸会获得成功。

如果已经写好的作品，仅仅换一种方法又可以重新写出来，那么文学创作就显得太轻而易举了。我们的前辈大师们留下了伟大的业绩。正因为如此，一个普通作家常常被他们逼人的光辉驱赶到远离他可以到达的地方，陷入孤立无援的境地。

作为一个作家，我已经讲得太多了。作家应当把自己要说的话写下来，而不是讲出来。再一次谢谢大家了。

[范本二]肖洛霍夫在诺贝尔文学奖授奖仪式上的讲话

在这个隆重的会议上，我认为再一次向授予我诺贝尔奖的瑞典皇家学院表示感谢，是我的愉快的职责。

我曾经有机会公开地表示过，这件事之所以使我感到满意，不仅仅是因为我在职业方面的成就和我作为一个文学家所固有的特点，得到国际的公认，我还为这一奖决定授予一个苏联俄罗斯作家而感到自豪。我在这里代表着我的祖国的庞大的作家队伍。

我已经说过,这一奖是对长篇小说体裁的一种间接的肯定,这一点也同样使我满意。凭良心说,在最近一段时间,常常可以听到和读到一些使我惊奇的言论,这些言论把长篇小说的形式宣布为过时的、不符合时代精神要求的形式。然而正是长篇小说才提供了一种最全面地概括现实世界的可能性,并将自己对它的态度、对它的迫切课题的态度以及自己的同道者们的态度映照出来。

长篇小说,可以说最有条件深刻地认识我们周围的巨大生活,而不适合把自己的小"我"当作世界中心来表现。这种体裁按其本质来说,是艺术家现实主义者的最广阔的基地。艺术中许多新流派都在摒弃现实主义,理由是它仿佛已经不再适用了。我不怕有人指责我保守,现在我声明,作为现实主义艺术的坚定的信徒,我坚持相反的观点。

现在人们经常谈论所谓文学的先锋派,并把它理解为主要是在形式方面的最时髦的实验。在我看来,真正的先锋是那些在自己的作品中揭示新的、决定本世纪生活特征的内容的艺术家们。整个现实主义和现实主义的长篇小说,都有赖于过去的大师们的艺术经验。但是它们在自己的发展中获得了本质上升的、深刻的现代特征。

我听说的现实主义,包含着革新生活、改造生活、使之造福于人的思想。自然,我所说的现实主义,是我们现在称之为社会主义的现实主义。它的特殊性在于,它所表现的世界观,与消极旁观、脱离现实互不相容,但却号召为人类进步而斗争,并且提供一种可能性,以便达到切合千百万人心愿的目标,给他们照亮斗争的道路。

人类并不是像飞出地球引力之外的宇航员那样,被分割成一个个在失重状态下漂浮着的单独的个人和个体。我们生活在地球上,服从地球的法则,正如福音书上说的,我们的日子充满了事件、操劳和需要,还有对美好明天的希望。地球的广大居民阶层为一致的意愿所激动，生活在共同的利益中，这些利益在很大程度上使他们联合，而不是分裂。

这是劳动的人们，是用自己的手和脑创造一切的人们。我属于那样一些作家之列，他们把不受任何拘束地用自己的笔为劳动人民服务，看作是自己的崇高荣誉和崇高自由。

由此产生出一切，由此得出关于我作为一个苏联作家，考虑一个艺术家在当代世界上的地位如何的结论。

我们生活在不平静的年代。但是地球上没有一个民族希望战争。存在着把整个的民族抛进战火的力量。战争的灰烬，那第二次世界大战的看不到边际的废墟的灰烬，怎能不敲打作家的心房咧？一个真正的作家，怎能不反对那些妄图让人类自我毁灭的人呢？

一个不认为自己像是被拥到奥林匹斯山上，凌驾于各种敌对势力搏斗之上，对人间的疾苦漠不关心的神灵，而认为自己是人民的儿子，人类的一个小分子的艺术家，他的使命是什么？

正直地同读者谈话，向人们说出真理有时是严峻的，但永远是勇敢的真理，在人类心灵中坚定对于未来的信念和对于自己能够建成这一未来的力量的信念。要做一名争取全世界和平的斗士，并且用自己的语言在它所能达到的一切地方培养这样的斗士。要把人们联合在他们追求进步的自然和高尚的意象之中，艺术具有影响人的智慧和心灵的强大力量。我想，那些把这一力量运用于创造人们灵魂中的美和造福于人类的人，才有权称之为艺术家。

我的祖国的人民在自己历史的道路上，并不是沿着平坦的道路前进的。这是生活的开创者和先驱者们的道路。我作为一个作家，过去和现在都把这一点看作自己的任务，即以我过去写作的和现在要写的一切，贡献给这样的人民——劳动者、建设者和英雄，他们不攻击任何人，而且总是善于保持尊严地捍卫他们所创造的东西，捍卫自己的自由和荣誉，以及捍卫他们按照本身的选择为自己建设未来的权利。

我愿我的书能够帮助人们变得更好些，心灵更纯洁，唤起对人的爱，唤起积极为人道主义和人类进步的理想而斗争的意向。如果我在某种程度上做到了这一点，我就是幸福的。

我感谢这个大厅里的所有的人，感谢因诺贝尔奖向我表示欢迎和祝贺的所有的人。

[范本三]县团委在“双十杰”青年颁奖晚会上的致辞

各位领导、各位来宾、青年朋友们，晚上好！

在纪念伟大的“五四”运动××周年之际，我们聚集一堂，举行庆“五四”国税杯“双十杰”青年颁奖晚会，我谨代表县团委向全县广大团员青年致以节日的问候，向一贯重视、关心和支持共青团工作的各级领导和社会各界人士表示衷心的感谢！

在经济发展和社会进步的时代大潮中，××青年高举邓小平理论伟大旗帜，围绕党的中心工作，紧跟社会经济发展的步伐，开拓创新，大胆实践，为××的繁荣和发展做出了应有的贡献。时间证明，××青年是一支迎难而上、敢打硬仗、甘于奉献、值得县委信赖的生力军。

当代的××青年，是跨世纪的一代青年，我们幸运地站在新世纪的舞台上，时代为我们提供了建功立业、展示风采的大好时机，我们应该携起手，共同肩负起新世纪的历史责任，充分发挥自己的聪明才智，努力拼搏，为××经济的发展贡献青春和力量。

青年朋友们，“志若不改山可移，何愁青史不书功”。时代赋予了我们光荣的使命，让我们积极响应县委、县政府的号召，以“双十杰”青年为楷模，求真务实，开拓进取，在××建设××强县的伟大征程中建功立业，大显身手。

最后预祝各位青年朋友节日愉快，事业有成。

谢谢大家！